化的容器。”换言之，城市并不是冰冷的生硬的钢铁丛林，而是有血有肉有灵魂有自我的生命有机体。如果说一个城市的纵向发展构成了其自身的骨架，那么城市所独有的一个个故事则是充斥其间的血肉经脉。正是因为这些故事，城市才变得丰满而具体，感性而优雅。在中国如此众多的城市中，唯有“武汉”和“上海”能冠之以“大”。正因如此，在大武汉这方热土中，产生了多少可歌可泣、悲喜交集的故事传奇。从 3500 年前盘龙城来无踪去无影的崛起与消失，到 1700 年多年前夏口、鲁山、郤月三城的修筑，从大禹疏江导汉演绎“江汉朝宗”的神话传说到关羽洗马长街卓刀成泉的英雄传奇，从徐寿辉天完政权的昙花一现到太平军三克武昌的惨烈战事，从“十里风樯依市立，万家灯火彻宵明”的“四大名镇”到“缔造多从江汉起，登临不觉亚欧遥”的“东方芝加哥”，从“修合虽无人见，存心自有天知”的国药世家叶开泰到“都督创造了民国，我创造了汉口”的“地皮大王”刘歆生，从伯牙摔琴谢知音的千古绝唱到屈原行吟东湖泽畔的不朽篇章，从崔颢“晴川历历汉阳树，芳草萋萋鹦鹉洲”的“七律之首”到李白“黄鹤楼中吹玉笛，江城五月落梅花”的魂牵梦萦，从武钢“一米七轧机”的战略引进到汉正街小商品市场的首开先河，从东风下山落户武汉到“光谷提案”建设创新高地，一个

总 序

涂文学

历史是一幅色彩斑斓、五彩缤纷的生动画卷，而故事则是组成其间的一个个生动细节描述。因为故事，历史显得如此生动，因为故事，历史永葆青春活力。中国传统历史记叙中就一直有“叙事”的传统，无论是被鲁迅誉为“史家之绝唱，无韵之离骚”的皇皇巨著——《史记》，还是被梁启超称为“天地一大文也”的洋洋万言——《资治通鉴》，其叙事详明、脉络清晰、网罗宏大、繁简得宜，无一不凸显了其讲故事的高明，也因此奠定了他们在中国文学史上的重要地位。当下，在历史研究领域正兴起的“社会史”、“生活史”等学术新潮，某种程度上可说是对这一叙事传统的回归和升华，其研究更侧重于社会生活领域的衣食住行等日常行为，更关注于普通人群的喜怒哀乐。长江出版社此次编纂出版的《大武汉故事丛书》可说是对中国传统历史叙事和当下历史研究前沿的一次极富意义的回应。

美国著名历史学家刘易斯·芒福德曾言：“城市是文

图书在版编目(CIP)数据

武汉黄鹤楼故事/董宏量著.—武汉：长江出版社，2015.9

ISBN 978-7-5492-3793-7

Ⅰ.①武… Ⅱ.①董… Ⅲ.①黄鹤楼—介绍 Ⅳ.①K928.74

中国版本图书馆CIP数据核字(2015)第232406号

武汉黄鹤楼故事　　董宏量 著

责任编辑：朱舒

装帧设计：刘斯佳

出版发行：长江出版社

地　　址：武汉市解放大道1863号　　**邮　　编**：430010

E-mail:cjpub@vip.sina.com

电　　话：(027)82927763(总编室)

(027)82926806(市场营销部)

经　　销：各地新华书店

印　　刷：武汉科源印刷设计有限公司

规　　格：787mm×1092mm　1/32　5.25印张　102千字

版　　次：2015年9月第1版　2015年9月第1次印刷

ISBN 978-7-5492-3793-7

定　　价：15.00元

大武汉故事丛书

总主编 涂文学 别道玉

武汉黄鹤楼故事

董宏量 著

长江出版社

个故事串起了武汉发展的历史脉络，一页页篇章写就了武汉的鸿篇巨制。故事改变着武汉，故事影响着武汉，故事成就了武汉。

今天，我们讲大武汉故事，是对古代讲故事文化的传承与发扬。通过讲大武汉的“盘龙古城”“天下四聚”“四大名镇”“东方芝加哥”等故事，记录城市绚烂历史，传承城市美好记忆；通过讲大武汉在明清、晚清和新中国曾经有过的三次辉煌，揭示武汉崛起的奥秘，读史明智，鉴往知今，从而开启城市光辉的未来；通过讲大武汉的江汉朝宗、晴川历历、白云黄鹤、灵山秀水，让更多的市民尤其是青少年了解武汉、爱上武汉，增强对自己居住的这座城市的自豪感和家园感。总之，通过讲大武汉故事，去描绘城市之美，展示城市之变，启迪城市之思，从而传播武汉声音，弘扬武汉精神。

在《大武汉故事丛书》的众多作者中，或是土生土长的老武汉，或是20世纪八九十年代的“新移民”；或为历史专业研究者，或为武汉本土历史的爱好者和发烧友。正因如此，这套丛书呈现出不同于其他有关武汉研究书籍的一些特色。其一，这是武汉人讲武汉自己城市的故事。故事里写就的是武汉的兴衰荣辱，故事里描绘的是武汉的风云变幻，故事里既有武汉古老、沧桑的“从前”，更有

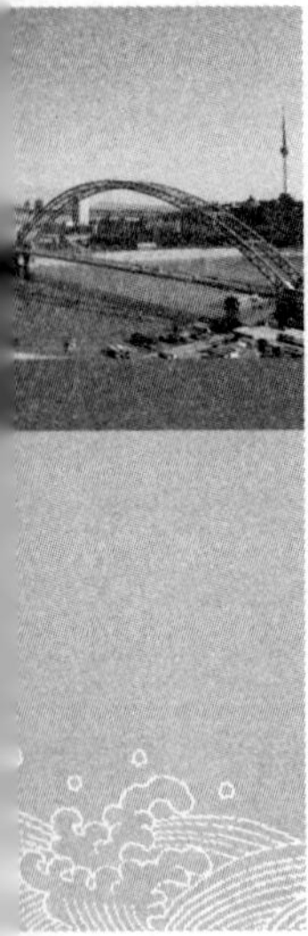

武汉鲜活、灵动的“今生”。他们了解武汉，熟知武汉，热爱武汉。识得武汉真面目，只缘身在此城中，作者们的笔端充溢着对这座城市的大爱之情，字里行间传递着对这座城市未来的深刻期待。这些都能让听故事的读者产生强烈共鸣，共同记忆武汉峥嵘往昔，共同感知武汉本土文化，从而产生深刻的心灵互动和价值认同。其二，这是用武汉话讲武汉的故事。《大武汉故事丛书》编纂旨趣意在通过讲故事彰显武汉城市的“地方性”，因此，这将是一部充满浓郁“汉味”“汉腔”的武汉文史读物。读者从书中将会看到三镇鼎立两江汇、大江大湖大武汉的独特的城市风景，感受到武汉人豪放劲朗、趋新尚变、敢为人先的鲜明个性，体会到武汉开放包容、崇实尚利、浪漫时尚的汉韵楚风。

多年前，我在为《武汉史话丛书》撰写编撰缘起时，曾言：“城市历史的记忆材料不仅仅是一种读物，它还是城市精神的重要载体。透过它，人们能触摸城市往昔和现在的心跳，与城市进行超越时空的精神对话。在这种神交式的精神对话中找到重塑现代城市精神的原点，开拓城市新的美好的未来！”愿《大武汉故事丛书》能为传承城市记忆、传播城市本土文化价值观、重塑城市精神尽绵薄之力！

是为序。

乙未秋月于后官湖畔之自在心舍

目　录

第一章　神游仙山

第三章　名人留影

第一章 神游仙山

浩浩长江，从青藏高原奔腾而来，闯过险峻的三峡后，是坦荡的江汉平原。当江水缓缓涌向武汉时，却遇大山挡道，激起惊雷滚滚，巨浪滔天。不知历经多少年月的冲击，江流才撞开山岭漫漫东去。这座被大江切成两半的青山，江北的形如巨龟，江南的蜿蜒似蛇，因而分别被俗称为龟山、蛇山。

隔江对峙、遥遥相望的两座青山并不高，海拔高度均不过百米。但山不在高，有仙则名，相传大禹治水之所以成功，靠的就是这一龟一蛇的鼎力相助。

说是滔滔洪水中，有只大乌龟驮着天上神奇的“息壤”，供大禹取土作堤坝；又有条黄龙，用尾巴划地，帮他开辟水路导流。东晋志怪小说《拾遗记》还铺陈

大禹治水

龟山

《山海经》的说法，描写当时的情景是："禹尽力沟洫，导川夷岳，黄龙曳尾于前，玄龟负青泥于后。"

在古老的神话里、先民心目中，龟与龙都是能够制服洪水的巨灵。龙蛇一体，蛇是龙的化身。

于是，当大禹治水大功告成后，龟龙便欣然化成了青山。

其实，在中国的江、河、湖、海，凡是容易产生水患的地方，都有龟与蛇的传说。《楚辞补注》曰："玄武谓龟蛇，位在北方，故曰玄，身有鳞甲，故曰武"，而且是"雄不独处，雌不孤君，玄武龟蛇，蟠虬相扶"。但放眼神州，何处有如此壮观的景象？"烟雨莽苍苍，龟蛇锁大江"，使大禹治水的传说分外动人。

在中国最古老的诗集《诗经》中，就有赞叹这片山水的名句：

“江汉汤汤，武夫洸洸。”音韵铿锵，若惊涛轰鸣。用“武”字来形容这奇山异水，不仅使人为之震撼，也似乎预告了今后的地名。诗圣屈原一路行吟而来，登上龟山不禁浩叹：“登大坟以望远兮，聊以舒吾忧心。”

古人称突出江中的巨石为“矶”，于是，龟山之矶被称为禹功矶。矶上建有禹王庙，庙前有一棵古柏，传说系大禹手植。宋代诗人苏轼来游时，便留下一首《禹柏》：“谁种殿前柏？僧言大禹栽。不知几千载，柯干长苍苔。”

蛇山之矶被称为黄鹄矶，却是因为矶石呈褚黄色，遥对青青鹦鹉洲。那时江流清澈，矶边水鸟翔集，常有鸿鹄起舞，天鹅嬉游。又有一种说法：因蛇山的山形石色，像一只黄鹤扑向江心，山上“有黄鹤飞腾于紫竹间”，故名黄鹄山。古代的“鹄”与“鹤”二字一音之转，互为通用，所以又名黄鹤山。民间便流传“昔有仙人，控黄鹤于山，因以为名”。

东望黄鹤山，雄雄半空出。
四面生白云，中峰倚红日。

这是唐朝大诗人李白对黄鹤山的赞叹，如此雄山奇水，仙踪神迹，令他联想浮翩：“颇闻列仙人，于此学飞术。”

楚人崇凤，似乎对飞禽特别感兴趣，以至湖北人有“九头鸟”

之称。这种对飞鸟的崇拜，其实是对自由的向往，渴望飞离凡土，超越尘世，飞向广阔的天空，无拘无束地在云海中翱翔。因此，亭亭玉立而又有美丽翔姿的白鹤，便备受古人喜爱，成为了一种吉祥的灵鸟，也成为了长寿的象征，常与神仙相伴，故有驾鹤成仙之说。

于是，龟山有神，蛇山有仙。大自然的鬼斧神工，造就了两山夹江对峙的壮景，也衍生出许多瑰丽奇妙的神话传说，使江南的蛇山仙气缭绕，云飞鹤舞。当黄鹤楼拔地而起时，“于此学飞术”的神仙们便有了一个驾鹤起飞、羽化成仙的高台，使凡人遥望他们远去的背影。

孙权筑城，哨楼吹响牛角号

武汉古属云梦泽，湖泊密布，遍地沼泽。春秋战国时期，楚国以荆山为据点，逐渐向长江中下游地区扩张，楚文王时著名的桃花夫人就葬在黄陂桃花庙。古诗云：“苍山云雨逐明神，唯有香名万岁春。东风三月黄陂水，只见桃花不见人。”

沼泽之中，隔江对峙的龟蛇二山，便显得格外雄奇。尽管这一带还比较荒凉，野渡无人，渔歌唱晚，被战火烧红的赤壁远在百里之外，但其险要地形迟早会入兵家法眼。

赤壁之战后，刘备借荆州，取四川，势力大盛，却不肯归还荆州。

孙权

赤壁之战

东吴大将吕蒙用计杀了关羽，夺回荆州后不久，刘备亲率十几万大军伐吴。孙权知道战事不可避免，便一面向魏称臣求和，一面集中力量对付刘备。公元223年，也就是赤壁大战发生15 年之后，吴主孙权在蛇山东北筑土石城，名夏口城。该城周仅二三里，“依山傍水，开势明远，凭墉藉险，高观枕流”。

这座实为军事堡垒的土石城，便是武昌城邑历史的发端。在《南齐书》中有这样的记载：“夏口城，据黄鹄矶，边江峻险，楼橹高危，瞰临沔汉，应接司部”。

历史上，“武昌”这个城名多次变化，有过夏口、鄂州等多种称呼。如三国时“宁饮建业水，不食武昌鱼”之说，此武昌非彼武昌，而是指武昌百余公里外的鄂州。两地地名为何互换，今人常一头雾水。

让我们先说夏口。孙权之所以把军事堡垒称作夏口，是因为汉水下游在古代也称夏水，蛇山上的夏口城池正对面就是汉水入江口。汉水最后一次改道是在明代成化年间，从龟山以南入江改为龟山以北入江，最终汉口成为一个独立的地方，武汉三镇的构架从此开始。可见真正的夏口应是今天的汉口。后来夏口一名由武昌移至汉口，最终名副其实。

再说武昌。公元221年，孙权迁都到鄂州，改名武昌，取“以武而昌”之意，继而在蛇山筑夏口城。后来因这里的地位越来越重要，武昌与鄂州才互换名字。

在群雄纷争、战火连绵的三国时期，黄鹤楼只是夏口城一角瞭望守成的“军事楼”。登楼者是身穿盔甲的士兵，他们遥望江天，巡视来往舟船，用牛角号呜呜地吹奏着石城的曙色。当水军操练时，也有将领在楼上挥舞令旗，指挥战船云集。

夏口城可能阻挡了刘备的进军之势，却难以抵抗北方的虎狼之兵。公元279年，晋武帝司马炎命太尉贾充为伐吴大都督，统帅20万大军伐吴。吴军在武昌用铁链铁锥阻断江面，阻止晋军东进。晋军驾小舟取出铁锥，燃大火熔断铁链，粉碎了吴军的最后防御，一举消灭了吴军主力。从此晋军乘胜而下，进攻建业（南京）。这场影响各方命运的大战，最后以司马炎胜出、孙皓投降、西晋建立而告终。长达59年的三国混战历史从此画上句号。

和平终于到来，江边的哨楼失去了军事价值，只有好奇的孩子才会登上楼去，拾起那锈蚀的箭头。随着武昌城的发展，那座最大最高的瞭望楼，逐步演变成为官商行旅“游必于是”、“宴必于是”的观赏楼。

周瑜设宴，刘备脱险碧莲会

今天，我们已难以找寻夏口城的遗迹，但因为黄鹤楼，却流传着周瑜设宴的故事，后来被改编成一波三折的元人杂剧。

且说赤壁之战胜利后，周瑜深谋远虑，认为曹操大败，已伤元气，刘备却有诸葛亮相助，手下猛将如云，是东吴称霸之大患，欲除之而后快。他听说诸葛亮领众将往华容路追赶曹兵去了，便决定在黄鹤楼设“碧莲会”，请刘备过江赴会赏莲，煮酒论英雄，共庆合作抗曹之胜利。他对鲁肃笑道：“如果刘备不来，就证明他心怀鬼胎，可让天下人看到此人多疑，毫无诚意，与我东吴合作只是权宜之计。”

鲁肃问：“如果刘备按期赴约呢？”

周瑜哈哈一笑：“我已定下三计。头一计酒至半酣，席间问其强弱，应答不合吾心，用剑斩之。第二计着大将于樊把住楼门，一切人等不放上下，若无吾令箭，不许下楼。第三计酒酣之际，要刘

周瑜画像

备顺情归吾。意有不从，击金钟为号，伏兵尽举，擒住刘备，困于江东。”

刘备看罢鲁肃送来的请柬后，左右为难。这周瑜诡计多端，显然摆的是“鸿门宴”！可诸葛亮不在身边，无人商量，不知如何是好。义子刘封却怂勇他赴会，说刚获大胜，周瑜不会心怀叵测，加害父亲。父亲乃当世之英雄，若因多疑而拒碧莲会，会让天下人笑话。

刘备看了看一脸忠厚的鲁肃，心想儿子说得有理，赤壁大战，硝烟刚散，料周瑜还不至于过河拆桥，加害合作伙伴，于是便派人备船，笑整衣冠，慷慨赴会。

诸葛亮得知消息后，大叫不好，立即采取反措施于是令关平送衣服给刘备，衣内藏令箭一支。这支令箭是诸葛亮借东风时向周瑜借来镇坛的。二是派姜维扮渔翁，手上写了八个字：“彼骄必褒，彼醉必逃”。三是着关羽、张飞于芦苇深处接应。

此时正是盛夏，蛇山上莲池吐绿，荷花盛开。周瑜陪刘备赏莲后，登上戒备森严的黄鹤楼，清风扑面，把酒言欢。酒过三巡，周

刘备画像

刘备赴碧莲会

瑜借着醉意威吓刘备，但刘备应对得当。关平送衣服来，刘备收了。周瑜哈哈一笑，说：“天气这么热，送什么衣服？难道刘皇叔弱不禁风？”他传令于樊上楼，取出一对令箭：“你将着一支，我收着一支，你与我把着楼门，一切人等，不许放上放下。对上我这支箭的，你便放他下楼去；如无令箭者，就是我，你也不许放下楼去！”

刘备暗暗叫苦，看到姜维扮作渔翁来了，献上一对金色鲤鱼，由于樊禀过周瑜，上得楼来。姜维切银丝鲙时，悄悄地让刘备看了他手心里的八个字。

渔翁切鲙下楼后，周瑜与刘备煮酒论英雄。刘备依孔明之计，尽给周瑜带高帽子，夸得周瑜满心欢喜，喝得大醉，甚至把手中的令箭折为两段，丢在江里，来表示他对刘备并无“歹意”。就在周瑜大醉而眠时，刘备在衣服里发现令箭，遂拿着令箭下楼。大将于樊验箭，“正是一对”，便给刘备放行。及至周瑜醒来，盘问于樊为何放走刘备时，于樊便答说刘备手持令箭，不得不放，这才使周瑜想起诸葛亮“祭风时，问我要支令箭镇坛”。于樊欲统兵追赶刘备，周瑜长叹一声：“黄鹤已去，晚矣！”

黄鹤楼中有两幅大型壁画，一幅是“孙权筑城”，另一幅便是“周瑜设宴”，可谓一实一虚，后者虽然是“鸿门宴”的故事脱胎而来，是虚构的历史演义，却一波三折，别有风味。看来，黄鹤楼的仙气中，不可缺少仙风道骨、神机妙算的诸葛亮。

道士画鹤，拍手只为众人舞

夏口城的兴建，使蛇山越来越热闹。山中林木幽森，洞穴密布，引来许多寻仙修道之士。三国之后，是魏晋南北朝，此时期盛行神仙之说，道教流布日广，有关黄鹤楼的仙话也在专谈“怪力乱神”志怪小说发展的背景下形成。

跨鹤之仙的传说，最早出现在南朝科学家祖冲之的笔下。他的《述异记》中的“驾鹤之宾”，后被鲁迅辑录在《古小说钩沉》里：

祖冲之画像

“荀瓌（guī），字叔伟，事母孝，好属文及道术，潜栖却粒。尝东游，憩江夏黄鹤楼上。望西南有物，飘然降自霄汉，俄顷已至，乃驾鹤之宾也。鹤止户侧，仙者就席，羽衣虹裳，宾主欢对。已而辞去，跨鹤腾空，渺然烟灭。”

但祖冲之并没言明驾鹤仙人的姓名。比他小近60岁的萧子显，在其撰写的《南齐书》中说：仙人是江夏人，名叫王子安，在他去世入葬后，一只黄鹤飞来停在他家门前的大树上，频频呼喊“子安”。子安真的出现了，跨着鹤在屋顶盘旋几圈后向西飘然而去。

到了唐代，阎伯理的《黄鹤楼记》转述《图经》的记载：“费祎登仙，尝驾黄鹤返憩于此，遂以名楼”，将仙人换成了真实的历史人物，即三国时期的蜀汉大臣费祎。费祎字文伟，而《述异记》中荀瓌字叔伟，二者都是江夏（武昌）人，也许，这就是后人混淆他们的原因。

唐宋后，人们又把此事扯到了八仙之一的吕洞宾身上，情节也

黄鹤楼壁画

越来越丰富。据清初褚人获《坚瓠集》载：

“相传唐时吕纯阳尝客兹地，倦寓酒家，日饮数壶，累至数百；不偿值，复索饮，主人供给无倦色。纯阳喜之。适啖西瓜，遂以瓜皮画一鹤于壁上。始，色瓜皮青，久之变黄，遂为黄鹤。纯阳又教酒家童子唱道词，自敲板为节。已而唱时，鹤辄从壁间飞下，婆娑翔舞。观玩饮酒者，日数千人。凡阅数月，酒家得钱数百万，骤富。以钱酬纯阳，纯阳不受。遂构此楼志感，故名黄鹤楼。”

由此可见，仙人跨鹤的故事经民间流传、历代文人加工，到清代已蔚然成形，脍炙人口。仙人是谁并不重要，重要的是此山有灵，此楼有仙。因此，《江夏县志》引《报应录》的说法，说市酒者为辛氏，饮酒者为道士，画鹤所用的是橘皮，所建楼为辛氏楼。这便是最为人们熟知的神话：

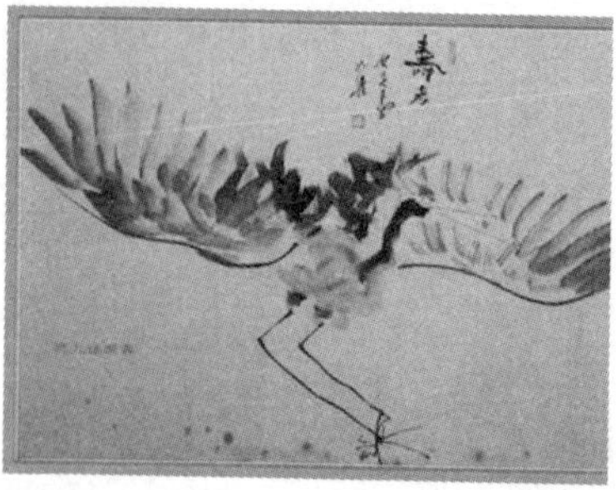

鹤舞图

《黄鹤传奇》

辛氏昔沽酒为业，一先生来，魁伟褴褛，从容谓辛氏曰：许饮酒否？辛氏不敢辞，饮以巨杯。如此半岁，辛氏少无倦色，一日先生谓辛曰，多负酒债，无可酬汝，遂取小篮橘皮，画鹤于壁，乃为黄色，而坐者拍手吹之，黄鹤蹁跹而舞，合律应节，故众人费钱观之。十年许，而辛氏累巨万，后先生飘然至，辛氏谢曰，愿为先生供给如意，先生笑曰：吾岂为此，忽取笛吹数弄，须臾白云自空下，画鹤飞来，先生前遂跨鹤乘云而去，于此辛氏建楼，名曰黄鹤。

那么，就让我们综合众多传说，来讲一讲这个神奇的故事吧。

从前，蛇山上有一家酒店，老板姓辛，为人宽厚。有一天，来了一位身材魁伟但衣着褴褛的游客，神色从容地问道："可以给我一杯酒喝吗？"辛老板不因对方像个流浪汉而有所怠慢，急忙盛了一大杯酒奉上，来客饮酒后扬长而去。此后，这位游客便常来要酒喝，辛老板仍含笑相待，并不因为他付不出酒钱而显露厌烦的神色。

转眼就是半年。有一天游客喝完酒后，对辛老板说："我欠了你很多酒钱，该如何还你呢？"此时秋高气爽，枫红菊黄，酒店有小篮子盛有客人们吃橘子后剥下的橘皮。游客沉吟着，顺手从篮子里取出一片橘皮，在粉墙上画了一只黄色的飞鹤，然后击掌打节拍，高声唱歌。说来奇妙，那墙上的黄鹤顿时脱壁而出，随着歌声蹁跹起舞。酒店里的客人们都惊呆了，发出一阵欢呼声。游客告诉辛老板，您只需拍手四下，黄鹤便可起舞供大家赏乐，但你要切记，黄鹤只为众人而舞。说完后，转身离去。

因有这种奇妙之事，人们都闻讯而来，欣赏壁鹤起舞，酒店的生意越来越兴旺。有个财主想：如果把黄鹤弄到手，就发大财了！他带人来到酒楼，气势汹汹地叫喊："我家会跳舞的黄鹤丢了，听说在这里，快还给我！"辛老板向墙上一指，说："有本事你拿走！"财主一看，原来是幅壁画。财主红着脸低着头溜走了，招得满堂的茶客哈哈大笑。还有个县太爷，想把黄鹤献给皇帝，自己好升官发财，也带人来到酒楼。这时，大家正兴高采烈地欣赏黄鹤跳舞，县太爷一看到黄鹤，也顾不得做官的尊严了，直朝黄鹤扑去，可不等他近身，黄鹤就抖抖翅膀，飞回到墙上去了。县太爷连忙拍手，手都拍肿了，黄鹤仍然在墙上一动不动。他气得快疯了，下令说："连墙一起给我搬回府去！"

县太爷在县衙里烧香上供，又作揖磕头，可是黄鹤还是不动。县太爷气坏了，叫人涂上油漆，可油漆刷了几遍，黄鹤照样出现在墙上。县太爷又叫人用火烧，大火烧了好久，黄鹤依然完好如初。突然，黄鹤眨眨眼睛从墙上飞下来，县太爷喜出望外，连忙抱住黄鹤的腿。黄鹤飞起来了，飞上了天，县太爷也跟到半空里，乌纱帽都被风刮掉了。飞呀飞，县太爷低头一看，黄鹤正飞在波涛汹涌的长江上空。县太爷吓坏了，全身发抖，一松手，从半空中掉到长江里淹死了。黄鹤又重新回到了酒店的新墙上。

十年春秋，辛老板累积了很多财富。有一天，一位大官驾临，包下酒店，驱逐观众，命令店家让黄鹤起舞。辛老板无奈，只好拍手四下，黄鹤从墙上浮现出来，步履沉重地起舞。这时，当年那位游客突然现身，辛老板连忙伏身致谢，表示愿供养恩人。游客笑道："我哪是为这种小事而来，黄鹤起舞，岂为独乐也。"他取出一管长笛，从容吹奏，悠扬的笛声中，一朵朵白云从空而降，黄鹤也飞到他的身前。游客跨上鹤背，在白云的簇拥下乘鹤而去，飞向蓝天，笛声越来越远。酒店里，大官早已惊得目瞪口呆，伏地磕头。

为了感谢及纪念仙人，辛老板在临江处盖了一栋高高的观景楼，让众人登楼望鹤，取名黄鹤楼。

羽客翩翩，吕岩成仙领风骚

《黄鹄山小志》有一则《题词》描绘黄鹤楼："红尘不到，羽客翩翩，曰王曰费，荀仙吕仙，梅花三弄，响遏云边，骚人韵人，翰墨结缘，此山此楼，终古岿然。"其中王者即王子安，费者即费祎，吕仙就是道教徒所钦佩的吕洞宾。

在飞来飞去的仙人中，喜欢吹笛的是吕洞宾，一管长笛是他鲜明的符号。关于他的名字，文献中有多种记载。最常见的说法是名岩，字洞宾，号纯阳子，生于唐贞元十四年（公元798年），卒年不详，是唐河中府永乐县（今山西省芮城县永乐镇）人。

吕岩乃宦门之后，自幼聪敏过人，出口成章。长大后"身长五尺二寸，喜顶华阳巾，身衣黄白衫，系一皂绦，状类张子房，二十不娶。"他仕途不顺，直到64岁才考中进士，曾任五峰、庐山、浔阳（今九江市）县令。游庐山偶遇钟离权，浩然发栖隐之志，弃官从道，结茅于庐山等处。后又云游天下，施医治病，行侠布道，成为唐末著名的道学家、医学家、养生学家、书法家和丹经诗人。宋金以来，道教各派特别是全真道，尊其为师祖，后来，他又成为中国民间流传极广的"八仙"故事中的神仙之一。

在灵妙蛇山，从众仙起舞到吕洞宾独领跨鹤登天的风骚，显然与道教有关。元明时，蛇山已成为全真道教圣地。按道教《道藏·历世真仙体道通鉴》言："吕祖以五月二十日登黄鹤楼，午刻升天而去。故留成仙圣迹。”

清代黄鹤楼“凡三层，层层供奉吕仙像”，传颂吕仙的故事层出不穷。就连江对面的龟山也沾染了仙气，“禹功矶”改成了“吕公矶”。

吕洞宾画像

传说元世祖忽必烈渡江至武昌，驻蛇山时，龟山形胜恰收眼底。他指着对岸问道：“山头石矶何名？”众以“吕公矶”对，并说唐时有仙人吕洞宾曾吹笛其上。元世祖又问：“唐以前何名？”众人回答不上来。路旁有一老者告诉他：“闻诸古语云是‘禹功’，字音讹传，成为‘吕公’。”元世祖十分高兴，欣然命，敕有司岁时祭祀。

鲁班造楼，仙鹤原是凡木胎

在民间传说中，有关吕洞宾的黄鹤楼故事，还有一种版本。

相传吕洞宾游玩了四川的峨眉山后，沿着长江顺流而下。这一天，他来到了武昌城，兴冲冲地登上了蛇山，举目四望，顿觉龟蛇相对，风水不凡，心想：要是在蛇头上再修一座高楼，来观看四周美景不是更妙吗！可这山又高又陡，谁能在此修楼呢？有了，还是请几位仙友来商量商量吧。

他取出铁笛一吹，何仙姑就驾着一朵彩云来了。他说了修楼的想法后，何仙姑一听就笑了：“你让我用针描个龙绣个凤还差不多，要说修楼，你还是请别人吧！”吕洞宾又请来了铁拐李，铁拐李一听哈哈大笑：“你要是头发昏，我这里有灵丹妙药，要修楼，你另请高明吧！”吕洞宾又请来了张果老，张果老摇着头说：“我只会倒骑着毛驴看唱本。”说罢，也走了。吕洞宾想，这下完了，连八仙都不行，哪里还有能工巧匠呢？

正在这时，空中传来一阵鸟叫声，他抬头一看，只见鲁班骑着一只木鹤朝着他呵呵地笑呢。吕洞宾急忙迎上去，把自己的想法又说了一遍。鲁班走下木鹤，看了看山的高度，又打量了一下地势，随手从山坡上捡来几根树枝，在地下架了拆，拆了架，想了一会说：“咱们明天早上再商议吧。”

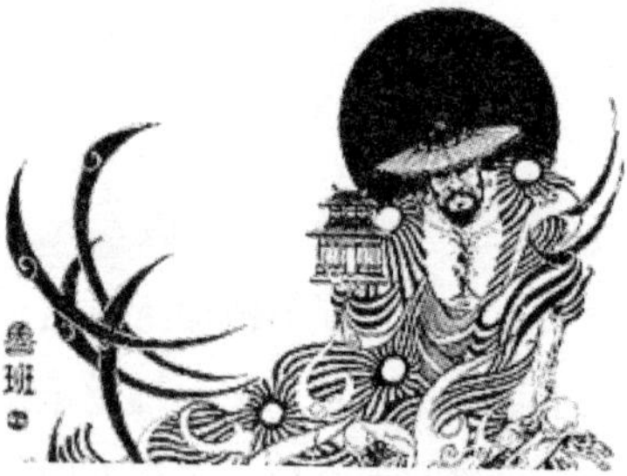

鲁班画像

鲁班夜造黄鹤楼

第二天早上，鸡刚叫头遍，吕洞宾就急急忙忙地爬上蛇山，只见一座飞檐雕栋的高楼已经立在山顶上了。他大声呼喊着鲁班的名字，登上最高一层，可连鲁班的影子都没有看到，只有木鹤披着黄色的羽毛，转动着一对又大又黑的眼睛。吕洞宾非常高兴，一会儿摸摸楼上的栏杆，一会儿看看楼下的江水，又取出铁笛对着波浪滚滚的江水吹起了曲子。他一边吹笛，一边又看看木鹤，这木鹤竟随着音乐翩翩起舞呢！于是他骑到了木鹤身上，木鹤立时腾空，绕着这座高楼飞了三圈，一声鹤唳，钻进白云里去了。后来，人们就给这座楼起名为黄鹤楼。

还有一个故事，主角只有鲁班。说黄鹤楼虽然不好建，但鲁班从鲁国到楚国考察，对如何建楼已了然于胸。他头插草标，在集市上要卖给别人做老子，搞得别人啼笑皆非。一个穷汉说：“好，反正我穷得一无所有，就把你当老子供起来吧。”他把鲁班领回了家，以为鲁班会倚老卖老，啥事不做。谁知鲁班很勤快，每天上山砍柴，还从柴里挑一根好材削成光溜溜的木楔存起来。穷汉不解，做饭时顺手把一根木楔添进灶火中。鲁班叹道：“这木楔将来有用，你再不要动老子的宝贝。”

过了一百天，鲁班离去，只留下一句话：“放得百日货，自有变钱时。”三年之后，蛇山上造起了黄鹤楼，但倾斜严重，急得工匠团团转。穷汉照着楔子样砍了一个，凑成一百，上集去卖。建筑师见此宝楔，十分中意，花重金买下。九十九个楔子牢牢楔在黄鹤楼上，只有穷汉削的那个木楔落了下来。黄鹤楼因少了一个楔子，略微有些倾斜，但也千秋无妨。穷汉这时才明白，那些木楔都是仙鹤的翎羽。幸亏只少了一根，不然黄鹤楼就没有雄飞之势了。

骑龙在天，绝妙风水透玄机

木鹤的故事显然没有画鹤的故事精彩，所以流传不广。不知这两个故事是不是匠人所编，把鲁班祖师爷也扯了进来，以说明修建黄鹤楼不容易。在此，就让我们看看黄鹤楼的兴建史。

黄鹤楼国画

黄鹤楼远景

唐永泰元年（公元765年），黄鹤楼已具规模，阎伯理的《黄鹤楼记》把黄鹤楼描写得美轮美奂：

“观其耸构巍峨，高标巃嵸，上倚河汉，下临江流；重檐翼馆，四闼霞敞；坐窥井邑，俯拍云烟：亦荆吴形胜之最也。何必濑乡九柱、东阳八咏，乃可赏观时物、会集灵仙者哉。”

然而兵火频繁，黄鹤楼屡建屡废。在明清两代，就被毁7次，重建和维修了10次，以至有“国运昌则楼运盛”之说。最后一座建于同治七年（公元1868年），毁于光绪十年（公元1884年）。现在遗址上只剩下清代黄鹤楼毁灭后唯一遗留下来的一个黄鹤楼铜铸楼顶。此后近百年未曾重修。

1957年建武汉长江大桥武昌引桥时，占用了黄鹤楼旧址，如今重建的黄鹤楼在距旧址约1000米左右的蛇山峰岭上。1981年10月，黄鹤楼重修工程破土开工，1985年6月落成，主楼以清同治楼为蓝本，但更高大雄伟。主楼高49米，共5层，攒尖顶，层层飞檐，四望如一。

说起黄鹤楼的风水，还真透露出某种玄机。

武汉是“百湖之市”，如果把长江、汉水、东湖、南湖及星罗棋布的湖看成是连绵的水域的话，城市陆地则是点缀在水面上的浮岛，武汉就是一座漂浮在水上的城市。在这个壮阔的水面上，有一条中脊显得格外突出。从西向东，依次分布着梅子山、龟山、蛇山、洪山、珞珈山、磨山、喻家山等，这一连串的山脊宛如巨龙卧波，武汉城区第一峰喻家山是龙头，在月湖里躺着的梅子山则是龙尾。这是武汉的地理龙脉。黄鹤楼恰好位于巨龙的腰上，被誉为“骑龙在天，乘势而为”。

黄鹤楼的形制自创建以来，各朝皆不相同，但都显高古雄浑，极富个性。与岳阳楼、滕王阁相比，黄鹤楼的平面设计为四边套八边形，谓之“四面八方”。这些数字透露出古建筑文化中数目的象征和伦理表意功能。从楼的纵向看，各层排檐与楼名直接有关，形如黄鹤，展翅欲飞。整座楼的雄浑之中又不失精巧，富于变化的韵味和美感。

黄鹤楼雄踞长江之滨、蛇山之首，背倚万户林立的武昌城，面临汹涌浩荡的扬子江，相对古雅清俊晴川阁，刚好位于长江和京广线的交叉处，即东西水路与南北陆路的交汇点上。所以，毛泽东登楼吟叹：“茫茫九派流中国，沉沉一线穿南北。”

登上黄鹤楼，武汉三镇的旖旎风光历历在目。由于这独特的地理位置，以及前人流传至今的诗词、文赋、楹联、匾额、摩岩石刻和民间故事，黄鹤楼成为山川与人文景观相互倚重的文化名楼，素来享有“天下江山第一楼”的美誉，从而与湖南岳阳楼、江西滕王阁、山东蓬莱阁合称中国四大名楼。

有个民间故事，显示出湖北人为“天下第一楼”而无比自豪。说是乾隆年间，有三个进士一起从京城返乡，一个是河南的，一个是四川的，一个是湖北的。旅途中，他们把酒言欢，谈起家乡的名俗景观，均夸口赞叹。

河南进士道：“河南有个开封塔，离天只有一丈八。”

四川进士道：“四川有个峨嵋山，离天只有三尺三。”

湖北进士慢悠悠地呷了一口酒，竖起大拇指高声吟诵：“湖北有个黄鹤楼，半截伸在天里头！”

两进士不服，都说江边之楼，不可能那么高，要罚湖北进士酒。湖北进士仍慢吞吞地说：“若不信，乘船游。”

原来，湖北进士通晓天文地理，他观星象，知道三日后即有大雾。果然，船至蛇山脚下时，大雾弥漫，黄鹤楼在雾中时隐时现，楼顶好像没入云中，两位外地进士摇头感叹：“黄鹤楼名不虚传！”

吕仙显灵，清风明月石镜亭

“谁云世上无神仙？缥缈当年幻化间。”千百年来，苍苍蛇山云烟缭绕，布满了寻仙修道者的足迹，使丛林山石都有了神秘的色彩。

黄鹤楼西下临崖处有块巨石，明亮如镜，光澈鉴人，每逢夕阳斜射，便炯然发光。于是人们在石旁建亭，名曰石照。宋代诗人贺铸诗曰：“东城石镜照，西城夕阳晴，有山分八字，共作两眉横。”南宋陆游在《人蜀记》说：“登石镜亭，访黄鹤楼故址。石镜亭者，石城山（今蛇山）一隅，正枕大江，其西与汉阳相对，止隔一水，人物草木可数。”

有一天，人们在石镜亭的亭碑上发现了一首诗，不知何人题写：

黄鹤楼边吹笛时，白苹红蓼满江湄。
衷情欲诉谁能会，惟有清风明月知。

因诗末署一“吕”字，且碑上留一手印，人们便传言：“此乃吕纯阳仙人显灵也。”石镜亭顿时成为仙亭，朝拜者络绎不绝。

虽然有人考证这首诗的作者实为北宋诗人吕元圭，题诗手印系好事者为之，但传说的力量是如此之大，加上此诗隽永空灵，以至

石照亭

在许多诗集中，仍把此诗作者标为“吕岩”。

在黄鹤楼正面入口，就有一副由刘海粟大师书写的传为吕岩旧题的楹联：

由是路，入是门，奇树穿云，诗外蓬瀛来眼底；

登斯楼，览斯景，怒江劈峡，画中天地壮人间。

这副楹联飘渺神奇，颇有道骨仙风之韵。传说吕岩成仙后，曾多次到黄鹤楼来想点化度人，有时变作卖桃老翁，有时是售墨货郎，但遇到的尽是“肉眼凡胎”，无人可度，于是题下这副楹联，忿然而去，绝迹不来。

石照亭于明末毁废，镜石也不见了。1993 年重建的石照亭依山而立，疏林环绕，亭内岩壁镶有黑砂石一块，以示石镜。

还有个仙枣亭也与此诗有关，又名吕仙亭，明初始建于武昌蛇山山顶。

传说山上有四株枣树，枝叶葱郁茂盛，却从不结枣。有好事者在枣林边建一六角小亭，亭名盼枣，以博一趣。有一年，忽满树结枣，幽香袭人，只见每颗枣竟如瓜大，压得枣树枝叶坠地。人们言传是仙枣，吃之可成仙。消息传到太守处，太守即派兵将枣林围住，尔后派书童采摘。

太守全家沐浴更衣，聚在院内设好的斋坛旁，准备一同食枣升仙。未料书童去后不返，经查看，发现其已吃枣升仙了，其余仙枣落地成石，太守被气得七窍生烟，追悔莫及，回到府内生起闷气。傍晚，同知前来劝慰，邀他下棋解闷。正当太守棋势颇佳、同知棋势颇颓时，忽听有人言语："太守弈败""太守弈败"，棋局至此急转直下，太守败下阵来。两人顿生狐疑，四处寻找说话之人，却又杳无踪影。忙乱间，窗外响起悠扬的笛声，若隐若现，两人循声追至亭下，见亭壁上有绝句一首：黄鹤楼中吹笛时，白蘋红蓼满江湄。衷情欲诉谁能会，惟有清风明月知。

后有人在此祀唐代诗人李白，亦名太白亭。因此，亭上有一名联："千年仙枣不留核，五月落梅犹有花。"上写仙枣的传说，下引李白"黄鹤楼中吹玉笛，江城五月落梅花"诗句，辞工语新，颇有情致。

屐响空山，云遮雾绕仙人洞

在故事传说中，吕岩是一位带有孩子气的高道，往往使用仙术来戏谑世人、开悟世人。

北宋状元冯京，曾谱写过“连中三元”的传奇。他是湖北江夏人，对黄鹤楼自然是十分熟悉的，却未留下相关文字，倒是他跟人讲的一个传说掌故通过苏轼的诗记载下来：

黄鹤楼前月满川，抱关老卒饥不眠。夜闻三人笑语言，羽衣著屐响空山……

苏东坡所写《李公择求黄鹤楼诗，因记旧闻于冯当世者》一诗，记叙了守城老兵在黄鹤楼附近的山洞遇见仙人赐金的传说，他描写得有声有色：“非鬼非人意其仙，石扉三扣声清圆。洞中铿锵落门关，缥缈入石如飞烟。”

这山洞后来被称为“仙人洞”，南宋大诗人陆游还特来游历。其《入蜀记》中言：“出汉阳门，游仙人洞，只是石壁数尺，皆直裂，无洞穴状。旧传有仙人隐其中，尝启洞出游，老兵遇之，得黄金数饼，后化为石，东坡先生有诗记其事。”

老兵向仙人乞求黄金，仙人点石成金，让老兵扛在肩上乐呵呵

吕仙洞

地回家，可后来这几块沉甸甸的黄金却化成了石头，闹得空喜一场。可见世上难有不劳而获之事。这仙人是谁？在民间故事中，他又成为了吕洞宾。人们是如此喜欢吕仙，就连他的名字也被编成了故事：吕洞宾原来姓李，娶妻金氏，夫妻恩爱，生活美满。

一日，有一老道预测他和妻子将遭横祸，不得善终，随即指点："如去黄鹄山黄鹤洞修道，或可幸免。"夫妻听罢，遂去蛇山，找到了这一天然石洞，见上题"黄鹤洞"，便栖身隐居其中，紧闭石门，潜心修道。因洞中只有他们两口，便改姓为吕，长年与山石为伴，改名为岩，洞中自叹人生为过客，乃号洞宾。金氏死后，只吕岩一人，便号"纯阳子"。故事虽多穿凿，却也别具兴味。

现在的"吕仙洞"，是在原洞址上稍加扩展重建的。洞内设有由一整块汉白玉石精雕而成的吕仙平卧雕像，神态安详，栩栩如生。

另外，蛇山中部的长春观，也是我国道教著名的十方丛林之一，为历代道教活动场所，称"江南一大福地"。其传说故事繁多，尤以吕洞宾为甚。

长春观在三国时是一片茂密的竹林，被称为"紫竹岭"。"二十四孝"中孟宗"哭竹生笋"的故事就发生在这里。志书中还言："时

长春观

有黄鹄飞腾于紫竹间。”据说，吕洞宾乃白鹤化身，经仙人指点去武昌蛇山修道，故人们在长春观边修了一座“白鹤祠”以示纪念。因崔颢黄鹤诗流传深远，白鹤便变成了黄鹤。祠中有白鹤泉一口，是仙鹤们饮水之处，又称作吕仙炼丹井。

长春观藏有被视为道教珍宝的全套明版《正经道藏》，加之神像、神龛、法器、匾额完整齐全，陈设古雅，故被誉为“江楚名区，道子云集之处，黄冠皈依之所”。著名音韵学者钱大昕曾在公元 1774 年慕名来到长春观阅查《道藏》，并在来成楼写下《三洞璇华序》。英国李约瑟所著《中国科技史》中的化学部分，大量引用《道藏》资料。

祢衡感赋，碧姬殉情鹦鹉洲

“昔登江上黄鹤楼，遥看江中鹦鹉洲。”历代诗人吟咏黄鹤楼，总要提起鹦鹉洲。这不仅是因景生情，或便于写诗对偶，还因为洲

祢衡骂操

上葬有东汉名士祢衡。

祢衡是东汉末年的著名才子，性情刚傲，好侮慢权贵。因拒绝曹操召见，曹操便罚他作鼓吏，祢衡则当众裸身击鼓，大骂曹操狼子野心，“挟天子以令诸侯”。这便是戏曲“击鼓骂曹”的由来。曹操十分恼火，但因祢衡的名气很大，若杀之会被天下人指责，便把祢衡推荐给荆州刺史刘表。刘表明白曹操的用意，也不愿背杀名士的恶名，又顺水推舟转送给江夏太守黄祖。

相传祢衡到江夏后，与黄祖的儿子黄射结交为好友，常常在一起玩耍作乐，饮酒赋诗。江中有一座无名沙洲，杂草丛生，野兔出没。有一天，黄射邀请祢衡去江心洲打猎饮酒，去的人不少，还带有美女歌伎。草丛之中搭起帐篷，江风习习，鼓乐声声。有位名叫碧姬的歌女，斟了满满一盅酒捧到祢衡面前说：“久闻先生清高的美名，今天有幸相见，真是玉树临风，名不虚传。希望先生别嫌我卑贱低微，满饮此杯美酒。”

祢衡很受感动，按过酒杯一饮而尽。这时，有人将一只羽毛碧绿的红嘴鹦鹉献给黄射，黄射高兴地对祢衡说：“这只鹦鹉转送给你，但是你要写一首咏鹦鹉的文章，让大家欣赏欣赏。”碧姬一听，马上挽起袖子磨墨。

这可谓是一篇“命题作文”，按祢衡持才自傲的脾气，是不会奉命而作来取悦众人——但祢衡见了鹦鹉，不禁触动了怀才不遇的心事，便借物抒怀，一挥而就写了一篇《鹦鹉赋》：

惟西域之灵鸟兮，挺自然之奇姿。体金精之妙质兮，合火德之明辉。性辩慧而能言兮，才聪明以识机。故其嬉游高峻，栖跱幽深。飞不妄集，翔必择林。绀趾丹觜，绿衣翠衿。采采丽容，咬咬好音。虽同族于羽毛，固殊智而异心。配鸾皇而等美，焉比德于众禽？

此赋真是“锵锵振金玉，句句欲飞鸣”。即使解释为白话文，仍使人品味不已：

这是来自西域的灵鸟啊，它具有自然而奇特的身姿。洁白的羽毛体现它绝妙的气质啊，火红的嘴喙闪耀着明亮的光辉。性情智慧而善于人言啊，才智聪明而常有预见。因此它嬉游于高山峻岭，栖立于幽谷深林。高飞时不胡乱集群，翱翔时必选择佳林。深青带赤的脚趾配以红红的嘴，碧绿的衣衫饰以青翠的彩衿。神采奕奕的美丽容颜，更有清脆美妙的鸣声。虽同属于鸟类一族，却有着不同的智慧和相异的心性。它有资格与凤凰媲美，其他的鸟儿怎么能与之比较德行？

《鹦鹉赋》较长，在此只引用一段，其意思是说：鹦鹉是一只

祢衡墓

神鸟，可是没有人认识它，只把它当作笼中的玩物。祢衡写完赋后，又把鹦鹉转赠给了碧姬，以表达同病相怜的情意。

“衡因为赋，笔不停缀，文不加点”，可见其才思之敏捷，情思之飞扬。黄祖读了这篇《鹦鹉赋》后，怕祢衡以后得志对自己不利，就借故把他杀害了。黄射长叹一声，把祢衡埋葬在江心洲上。碧姬穿一身重孝，带着鹦鹉来到洲上，哭倒在祢衡墓前，表示愿意随他的灵魂一起飞去。她哭干了眼泪，一头撞死在墓碑前。那只鹦鹉彻夜哀鸣，叫得人心痛。第二天，人们发现鹦鹉也死在墓前。江夏城里的老百姓感叹不已，集资为碧姬修了一座坟墓，把鹦鹉也一同葬在洲上，从此，人们就叫江心洲为鹦鹉洲。

明成化年间，鹦鹉洲沉入江

底。可是三百年后，汉阳南门外江边又升出一个新沙洲，人们在沙洲上发现了碧姬的尸体，那只鹦鹉已经变成了一块绿色的翡翠石。这只翡翠鹦鹉被地方官拿去献给了乾隆皇帝，乾隆便将汉阳南门外的新沙洲，重新命名为鹦鹉洲。

祢衡死时才 26 岁，到死也没个官衔职称，墓碑上写的仅是“汉处士祢衡”。处士，即指未做官的文化人。因此，鹦鹉洲因祢衡而倾倒历代文人名士。文人大多才华横溢，超凡脱俗，但又秉性耿介，愤世嫉俗。或许正是那落魄的惆怅、伤逝的悲怀，才更加激起他们对祢衡的同命相惜相怜。于是，或隔江酹杯凭吊，或赴临洲头悲歌。李白曾写过《望鹦鹉洲怀祢衡》：“才高竟何施，寡识冒天刑。至今芳洲上，兰蕙不忍生。”当他流放夜郎途中被赦返回时，又再次吟叹《鹦鹉洲》：

烟开兰叶香风暖，岸夹桃花锦浪生。
迁客此时徒极目，长洲孤月向谁明？

芳草萋萋，玉箫无声情何了

当唐宋诗人们登楼望江，除了烟波云帆外，看得最清楚的可能就是江心的鹦鹉洲。古鹦鹉洲首起鲇鱼套，尾至黄鹄矶，长约 7 余里，宽约 2 里，面积约 15 平方里，洲势成长条形。唐代孟浩然《鹦鹉洲送王九之江左》一诗中有句：“洲势逶迤环碧流”，“洲势逶迤”正证实当时鹦鹉洲洲形狭长。

直到南宋中期，古洲还在拓展，洲形也随之变化。南宋陆游《入蜀记》中有载：“三十日黎明离鄂州（武昌），便风挂帆，沿鹦鹉洲南行，洲上有茂林神祠，远望如小山。”由此可知当时沙洲淤积高似小山，上有一片茂林，还有庙宇建筑。

古鹦鹉洲一直隶属武昌，曾是武昌十景之一。清胡凤丹的《鹦鹅洲小志》附有一幅张仲坚绘的《鹦鹉洲古图》显示，鹦鹉洲面对黄鹄矶，洲上有祢正平墓，正平祠、鹦鹉寺、岩头寺、玉箫墓。洲上还有一排排民居，茂林修竹，杨柳芦苇，风光如画。

玉箫墓也有一个凄美的故事，男主人公是唐代中期名臣韦皋。在野史中，此人出生就不同凡响。传说他出生满一个月的时候，家里摆了宴席，请了很多高僧，来为小宝宝祈福祝寿，但是有一个容貌丑陋的胡僧，并没有受到邀请，也上门吃白食，结果受到了冷遇。在韦皋的母亲叫乳母抱出婴儿，让群僧祝寿的时候，胡僧对小宝宝说了一句：“别来无恙么？”韦皋似乎听懂了胡僧的话一般，对着这个胡僧笑，大家都非常奇怪。在韦皋母亲的一再追问之下，这个胡僧才说韦皋是诸葛武侯的转世，以后要庇护蜀地的。以后韦皋的发展果然如这个胡僧所言。

《金镯玉环记》

话说韦皋年轻时到江夏旅游，住在姜郡守家的塾馆里，姜家特派小丫环玉箫前去侍奉。玉箫聪明伶俐，十分可爱，韦皋与她相处甚欢，日久生情。几年后，韦皋要回家乡筹备京城赶考之事，临别时赠给玉箫一枚玉指环，约定金榜题名后即来迎娶。两人依依不舍，含泪而别。

可韦皋一去就杳于黄鹤，玉箫守身如玉，非韦郎不嫁。她苦苦地等待到第八年春天，长叹一声，绝食而死，只留下了一首诗：“黄雀衔来已数春，别时留解赠佳人。长江不见鱼书至，为遣相思梦入秦。”

姜家可怜玉箫，将那只玉指环戴在她中指上一同葬在鹦鹉洲。韦皋起初混得不顺，无心成家，后来时来运转，封官加爵，镇守西蜀。听说玉箫为他而死后，他才如梦初醒，痛悔不已，从此抄写经书，修造佛像，借以报答玉箫的冰心痴情。

有一年，韦皋过生日举行庆典，有人以歌姬相赠。令他惊奇的是，这位歌姬也叫玉箫，与江夏的玉箫长得一模一样，而且左手中指上有一圈肉痕，就像一枚玉指环。他怆然叹道："我终于懂得了生与死的区分，就是一来一往。"于是娶歌姬为妻，恩爱美满。

唐代《云溪友议》中记述了这个传奇故事。之后相继出现吟咏这一爱情故事的诗文。元、明两代则有人据此创作剧本《两世姻缘》、《玉环记》和《鹦鹉洲》。

"黄鹤楼高人不见，却随鹦鹉过汀洲。"由此看来，鹦鹉洲永远是黄鹤楼的一个参照物，楼洲相映，才更激发历代骚客的诗情。楼的雄奇飘逸、洲的静美凄凉所形成的强烈反差，如天堂尘世之别，让文人们品味不已。于是，高楼神仙升天，沙洲情鬼入地，但即使入地也要悄然复生，谱写传奇与仙说唱合，来表达人们对美好爱情的渴望。那些红颜命薄的女子，不论是碧姬、玉箫，还是白居易曾经相逢吟叹的无名歌女，就像美丽的鹦鹉，在黄鹤楼下的烟波中若隐若现地翔舞，给绿洲芳草增添了神秘的色彩，也使游人凭生绵绵的遐思。

今天，我们在黄鹤楼上已看不到鹦鹉洲，由于"洲聚于沙，而沙转于水"，鹦鹉洲几经变迁，有了古今之分。有人认为，古鹦鹉洲在武昌一侧，今鹦鹉洲在汉阳一侧，因此有武昌鹦鹉洲与汉阳鹦鹉洲之说。明代诗人杨基写有《望武昌》二首：

吹面风来杜若香，离离烟柳拂鸥长。
人家鹦鹉洲边住，一向开门对汉阳。

春风吹雨湿衣裾，绿水红妆画不如。
却是汉阳川上女，过江来买武昌鱼。

题为《望武昌》，“开门对汉阳”，可知诗人观察事物的立足点是在鹦鹉洲上。“过江来买武昌鱼”的汉阳女，显然来到了鹦鹉洲上或洲边。此洲在明末逐渐沉没。清乾隆年间，新淤鹦鹉洲，已和汉阳连成一片。“烟水茫茫酹一杯”，也许，古鹦鹉洲本来就只该存留于诗人的笔墨里、世人的遐想中。

千古奇观，隔江楼阁两参差

说了鹦鹉洲，也该谈谈晴川阁。虽然晴川阁建在对江的龟山禹功矶上，似乎与蛇山无关，但她是蛇山远望中迷人的风景，与黄鹤楼“隔江楼阁两参差”，形成千古奇观。在浩浩万里长江两岸，如此名楼望阁遥相呼应，可谓绝无仅有。

晴川阁大约始建于明代嘉靖年间（公元 1522—1566 年），比黄鹤楼晚了千年，显然是因崔颢的诗句“晴川历历汉阳树”而得名。楼与阁都是高层建筑，“楼阁碍云霞而出没”，从形制上看并无特别明显的区别。晴川阁一出现，就弥补了江北龟山无名楼之憾，以“削壁临江断，危楼傍水悬，窗飞衡岳雨，门过洞庭烟”的奇景，吸引着如织的游人，为“四方冠盖所必至者”，盛极一时。

因大江相隔，三镇鼎立，武昌与汉阳长期分治，直到民国才合为一市。所以两地一直有“瑜亮情结”，汉阳的文人墨客赞美晴川阁时，不乏溢美之辞，力求扬阁抑楼。如清代史学家刘继庄在《广阳杂记》中如此写道：

自铁门关西上为龟山，首有楼巍然，曰晴川，与黄鹤楼对峙。楼临江东向，轩豁开爽，远胜黄鹤。盖龟山之首，走江中数百步，而大江横其下，左右无遮蔽，与市廛稍远，纵目所之，山水之情与精神融洽，无如黄鹤之散漫无章，可谓后来居上矣。

龟山重武，与中原接壤，为历代兵家必争之地。若论文采风流，是比不过江南的蛇山的。晴川阁也与黄鹤楼一样屡建屡毁，而且多为战火摧残。远的不说，就谈辛亥首义后的“阳夏之战”吧，武昌虽是起义之地，战争却在江北进行，龟山成了双方争夺的战场。在炮火摧残下，晴川阁虽未全毁，但廊柱碑石已支离破碎。抗日期间，汉阳又屡遭空袭扫射，致使晴川阁面目全非。现阁系按清光绪年间式样于1985年重建，融合南北建筑风格之长，使楼阁的雄奇、行宫的古朴、园林的秀美浑为一体，风景区内还有禹稷行宫、铁门关、禹碑亭、朝宗亭、楚波亭等名胜古迹。

龟山虽也有历代诗人吟咏，但没有传世名篇，倒是山脚下的古琴台卓尔不凡。相传古时士大夫伯牙在此鼓琴，被樵夫钟子期识其音律，即破琴绝弦，终身不复鼓琴，从而留下了“高山流水，千古知音”的佳话，引来许多诗人吟咏。有诗云：“凤沼余灰此处埋，空留雅韵筑琴台。胸无锦绣何当死，世有知交不用媒。”

与千古名楼黄鹤楼相比，明代才建的晴川阁望其项背，缺名诗，多题记。清代陈大文在《重修晴川阁经》中赞曰：“启朱棂，凭绣栏。天连吴蜀，地控荆襄。接洞庭之混茫，吞云梦之空阔。人烟城廓，夹岸回环，沙鸟风帆，与波上下。” 词虽绮丽，却不免空泛。还是汉阳郡守钟谦钧聪明，他在《重修晴川阁记》中把楼阁相提并论，说汉阳与武昌“如唇齿然”，晴川阁与黄鹤楼“如锁钥然”，算是持平之说，了却了龟蛇争雄、楼阁比奇。

晴川阁有一副对联十分有趣，用武汉话吟诵，多叠音，宛如绕口令：“晴川阁阁上飞角角飞阁不飞，鹦鹉洲洲边行舟舟行洲不行”，使风景活灵活现，富有动感。但最有名的楹联还是张之洞所题：“洪水龙蛇循轨道，青春鹦鹉起楼台”，既借用了大禹治水的传说，也抒发了自己的政治抱负。

从黄鹤楼上远眺，对面的龟山如果没有晴川阁，会让人怅然若失。感谢深明审美之说的先辈，让高楼飞阁相对成趣，云影波光互映生辉。倚山临江的晴川阁，宛如一只飞过大江的仙鹤正歇脚戏水，引颈回望，不由使人感叹：楼阁几多情，相看两不厌。

人修天定，武昌难成帝王都

江汉交汇，龟蛇如锁，武汉地处华中，连通东西南北，理应是有条件成为豪杰称霸之地的。然而，千百年来，这片宝地为什么不能成为帝都皇城，只留下“黄鹤飞去且飞去，白云可留不可留”的叹息呢？

有人说，这主要是因为武汉自古就是“云梦泽”，陆地太少，多半是湖泊和沼泽，城镇基本上是汉阳绕着龟山，武昌绕着蛇山，长期只能作为长江船运的补给交易站，而且交易点随河道、沙洲、火灾的改变而来回变迁。

也有人说，这与风水迷信有关。武汉是白云黄鹤之乡，注定是游仙云集，帝王难留，留下来的都是仙踪神迹、诗词歌赋。

纵观历史，武汉与都城多次擦肩而过。公元 221 年，孙权迁都

晚清黄鹤楼一景

长江水战图

到当时的鄂县，改名武昌，并在蛇山筑夏口城。八年后，又还都建业（南京）。但孙权去世前，叮嘱子孙一定要“以武求昌，一统天下”。当皇位传到孙皓时，国势已衰，孙皓想起孙权的嘱托，想迁都到龟蛇如锁的武昌城。谋士戴详谏到：武昌有座八分山，一统天下只可图治，不可居终。因为八分山“山有泉流如八字，数不及九”，“九”与“久”谐音，隐含不可长久之意。孙皓听说风水不好，便打消了迁都的念头。

可没迁都也难转运，不久，东吴便被西晋灭了。

前车之覆，后车之鉴，以后历代帝王都不敢定都武昌。到了元末，烽烟四起，湖北沔阳（今仙桃）出了个农民起义军领袖陈友谅，率领浩荡水军，与朱元璋争天下。他原拟定都江洲（九江），

蛇山上的陈友谅墓

武昌老城门

却大战身亡。部下将其尸首运到武昌，埋在黄鹤楼附近的蛇山一侧。今天我们若从黄鹤楼大门出来，步行不远，便可在长江大桥引桥处看到陈友谅墓。陈友谅之子陈理即位后，比父亲胆子大，立即定都武昌，国号大汉，武昌终于成为一方霸主之都，黄鹤楼上旌旗飘扬，来往船舶都得留下买路钱。

可好景不长，两年后朱元璋攻下武昌城，陈理受降，城头变幻大王旗。也是英雄相惜，朱元璋曾到蛇山祭拜过陈友谅，并写下“人修天定”四个大字，可谓意味深长：既说自己的成功是天命注定，也给拼命一搏的陈友谅留了面子。

转眼到了清朝。太平军与清军在武昌打得不可开交，曾在长江上首搭浮桥。攻克武昌后，洪秀全一度想定都武昌，他把天朝殿设在当时的抚署，东王杨秀清的王府设在藩署，北王韦昌辉的王府设在臬署，翼王石达开的王府则设在学政署，大有长居久安之意。但后来一权衡，还是去了虎踞龙盘的天京（今南京）。

后来，虽然辛亥革命发难于武昌，蛇山下的红楼一时成为革命中心，但后来还是定都南京。尽管原因是多方面的，但风水之说仍耐人品味。或许，李白的《江夏送友人》一诗含有禅机：

雪点翠云裘，送君黄鹤楼。
黄鹤振玉羽，西飞帝王州。

背倚仙山，朱甍绣瓦楚王府

武昌虽没成皇皇都城，却有赫赫王府，明代的楚王府就背依高观山（蛇山）而建。

元顺帝至正二十四年（公元 1364），明太祖朱元璋亲征陈理，陈理势单力薄而降。正在此时，后宫传来喜讯，朱元璋第六子朱桢降生。踌躇满志的朱元璋当即封之为楚王（“子长以楚封之”），并于当时驻军的梅亭山（今武昌起义门附近）筑“封建亭”纪念，

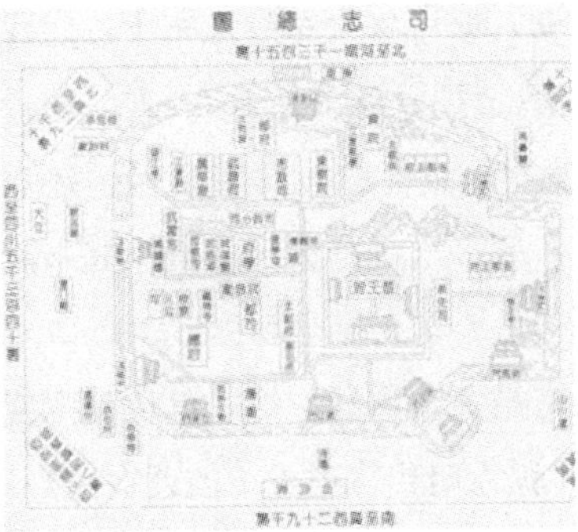

1521年武昌府城图

楚王府旧址石雕

亭内立一方“分封御制碑”。

明洪武三年（公元1370年），朱元璋册封诸子，封朱桢为楚王，封地武昌。次年，在武昌高观山下大兴土木，修筑楚王府，历时八年竣工。楚王府坐北朝南，背依高观山，东西宽2里，南北长4里，占地8平方里，相当于当年的半个武昌城。

楚王府内遍筑宫殿、楼阁及水榭庭院，周围垒石为城，高二丈九尺，号称“王城”；四门城墙饰以青绿，廊房饰以青黛。四城正门，以丹漆，金涂铜钉，豪华壮观，犹如皇宫。清初曾有文士吟咏楚王府“朱甍绣瓦倚斜曛，楚歌燕舞镇目闻……离宫别馆连天起，王砌金铺辉月明”。

洪武十四年（公元1381年），朱桢正式就藩武昌。朱元璋期望朱桢的武昌藩地成为拱卫京师

（南京）的战略要地，一旦天下有变，即可率大军顺江东下，讨伐乱臣贼子，屏蔽皇室。故当年朱桢所统护卫竟多达 6500 人，比赫赫有名的燕王朱棣所统之 5770 人犹有过之。朱桢坐镇武昌，还肩负着镇压南方民众起事反抗的重任，曾多次统帅大军征战，立下赫赫战功。

历代楚王韬晦以自保，一直与帝系关系良好，得以世代盘踞武昌城达 262 年之久，与秦、蜀、周并称为明代富甲天下的四大藩封。可以说，早期武昌和近城之设施都是以楚王生活起居为中心的。如楚王府前的歌笛湖，是楚王种芦取膜为笛簧之处；洪山背后的放鹰台，是楚王出城游乐时放鹰之处；南湖老人桥为楚王行猎路过时所架设；武胜门外还有供楚王府厨膳专用的养鱼池，名“鳇鱼濠”。

王府背倚仙山，当然少不了拜仙求佛。黄鹤楼旁曾建有武当宫，王府内有长春寺，果园中又修五圣庙。楚王还多次主持维修洪山宝通寺，汉阳九真山上的九真庙、炼丹台也系楚王修筑。

楚王一宗人丁兴旺，至明末子孙不下万人。按照封建宗法制度，这万余人仅少数是“天潢嫡派”，其余都是“旁支庶宗”。天潢嫡派捧着“金饭碗”代代相袭，过着纸醉金迷的奢侈生活。而绝大多数的旁支庶宗，随着明朝的衰落、府库的空虚，时常饥寒交迫，岁供禄米不足糊口。而朱元璋所立“祖训”不允其从事四民之业。故明末楚王旁支庶宗中人，公开抢劫，暗中偷盗，甚至盗掘自家祖坟的，大有人在。

终结楚王府的是明末农民起义领袖之一的张献忠。当武昌城岌岌可危时，湖广三司官员集聚楚王府，跪请楚王朱华奎借银数十万以助军饷。未料朱华奎不拔一毛，居然还让仆人搬出朱元璋分封诸子时赐给楚王朱桢的裹金交椅，说“此可佐军，他无有”。

崇祯十六年春，张献忠攻破武昌城，杀尽楚宗室，将楚王朱华奎囚入铁笼沉于大江之中，又放火烧毁了楚王府。

楚王府虽荡然无存，但遗址可寻。如蛇山上的烈士祠，原是楚王府的宗庙；八卦井、九龙井，曾是楚王府内饮用水井；扎珠街是为王室人员扎制冠珠的地方。当我们登上蛇山，遥想楚王府当年的盛况，可借用一首凭吊战国楚王宫的古诗来吟叹：

楚王辛苦战无功，国破城荒霸业空。
唯有青春花上露，至今犹泣细腰宫。

第二章 诗满楼台

白云黄鹤的神话传说，为苍苍蛇山增添了瑰丽的色彩，但黄鹤楼从一临江哨卡，演变为名扬四海的天下江山第一楼，并非战地生辉、道士出没，而是多拜于诗词的渲染造化。清代诗人吴国伦如此吟叹：

> 层楼极目楚天孤，骑鹤仙人漫有无？
> 城郭万家罗胜地，江山千载见雄图。

如果我们把仙人神话比作飘渺的黄鹤，名诗宏词就宛如可见可触的朵朵白云，缭绕在重阁飞檐，变幻着春光秋色，吸引着历代名士骚客接连登临，吟叹不休。于是，千百年来，黄鹤楼不仅成为了游览胜地，也成为了

楼前黄鹤

唐诗宋词

赛诗高台。

不登黄鹤楼，岂谓江南游？登楼不吟诗，何处寄情思！

这是一支庞大的诗歌方阵，诗人词客纷至沓来，王维、崔颢、李白、白居易、贾岛、陆游、刘禹锡、宋之问、范成大、张居正……个个都是笔下生花的才子，人人可称风流倜傥的名士。他们登临抒怀，吟诗作赋，留下的丽辞华章、数量之多、神韵之美、意境之深、流传之广，可谓汗牛充栋，令人叹为观止。

明朝万历年间，武昌知府孙承荣等曾首编《黄鹤楼诗集》，共收集诗、文、赋、杂记400余篇；清末胡凤丹编撰的《黄鹄山志》，共收入历代诗词500余首。据不完全统计，历代咏楼诗词千余首，楹联近千副，文赋过百篇，匾额无数。

“楚思渺茫云水冷，商声清脆管弦秋。”品读有关黄鹤楼的诗词歌赋，我们会深深地感受到诗因景成，景随诗传，诗化的黄鹤楼比物化的黄鹤楼更加摄人心魄。我们也会遥想才子的风采，追寻诗人的行踪：他们是何时而来，何时而去？他们在这里写下的诗词，为什么既绚丽多彩，又异曲同工，彰显着飘然出世的特色，是“天人合一”的腾飞之梦、“淡泊明志”的清静之美，还饱含着“日暮烟波”的乡思之愁？

相传为苏轼撰写的诗联至今高悬名楼：

爽气西来，云雾扫开天地憾
大江东去，波涛洗尽古今愁

也许，倚山临江的空灵之景、四通八达的浩然之气，使每个登临者都会一洗凡尘，飘飘欲仙，情不自禁地吟咏歌唱。那么，就让我们追寻诗人们的身影，走进他们长长短短的故事、平平仄仄的诗行……

崔颢绝唱，当领诗台第一名

诗歌如砖，词赋似石，层层叠叠，垒起了黄鹤楼这座千古诗台，也凝聚着它的精魂神韵。因此，尽管名楼屡兴屡废，都一直扎根在文化的厚土里，耸立在人们的心境中。诚如明人沈钟在《重修黄鹤楼记》中所言："二三千载犹一日，兹楼之名，断断乎不朽矣！"

早在三国之后的南朝，诗人鲍照就写过《登黄鹄矶》，这可能是最早写黄鹤山的古诗：

木落江渡寒，雁还风送秋。
临流断商弦，瞰川悲棹讴。
适郢无东辕，还夏有西浮。
三崖隐丹磴，九江引沧流。
泪竹感湘别，弄珠怀汉游。
岂因药饵泰，得夺旅人忧。

我们从这首古诗中可以感受到，那时的蛇山黄鹄矶，已成为来往行船的避风港，虽然云雾缭绕，山林幽森，吸引着修道寻仙之士，有"丹磴药饵"之盛。但石城之下、寒秋之中，诗人感叹更多的是离别之苦、行旅之忧。诗中并未出现黄鹤楼，或许那时尚无高楼可

鲍照画像

王维画像

登，作者只是停棹系缆，登矶一游后便挂帆而去。

到了唐代，我们终于从著名诗人的笔下看到了黄鹤楼。这是唐开元九年（公元 721 年）夺魁的状元王维，其诗作以“诗中有画，画中有诗”而名震天下。他从长安来到江城，地方官员当然要盛情接待，免不了把酒酬唱。于是他写下了《送康太守》之诗：

城下沧江水，江边黄鹤楼。
朱栏将粉堞，江水映悠悠。
铙吹发夏口，使君居上头。
郭门隐枫岸，侯吏趋芦洲。
何异临川郡，还劳康乐侯。

这是一幅淡淡的风景画，朱栏粉堞，枫岸芦洲，江流有声，楼影无息。但这首诗显然是官场的应酬之作，显得比较平淡。所以，只到盛唐又一位进士登临题诗，黄鹤楼才横空出世，有了传诵千秋的压卷之作。这就是唐代诗人崔颢的《登黄鹤楼》七律：

昔人已乘黄鹤去，此地空余黄鹤楼。
黄鹤一去不复返，白云千载空悠悠。
晴川历历汉阳树，芳草萋萋鹦鹉洲。
日暮乡关何处是，烟波江上使人愁。

寒秋时节，诗人远道而来，登临黄鹤楼，纵览江山，心潮奔涌，诗句宛如脱口而出，一泻千里。前四句平白如话，却于广阔空间和漫长时间的背景上，烘托出天长地久、世事苍茫之感，同时流露出诗人对古人成仙得道的羡慕和自己事业无成的怅惘。苍茫暮色之中，当他把眼光转向近处景色时，又勾起浓浓的乡愁，意味深长，余音袅袅。

崔颢，汴州（今开封）人。唐玄宗开元十三年（公元 725 年）登进士第，累官司勋员外郎，天宝十三载（公元 754 年）卒。《河岳英灵集》说："颢少年为诗，属意浮艳，多陷轻薄。晚节忽变常体，风骨凛然，鲍照、江淹，须有惭色。"崔颢的诗，现在只存数十首，并没有浮艳轻薄之作，可能已删除了少年之作。

《唐诗纪事》说崔颢"有文无行"，似乎他的品德很坏，但一直到元代辛文房的《唐才子传》中才有具体的记载，说他"行履稍劣，

盛唐歌舞图

好蒲博，嗜酒，娶妻择美者，稍不惬即弃之，凡易三四。”原来他爱赌钱、喝酒、好色，先后换了几个妻子。可是，说他“行履稍劣”也还公平，说他“有文无行”恐怕太重了。又说北海太守李邕闻其名，虚舍邀之。颢至献诗，首章云：“十五嫁王昌。”邕叱曰：“小儿无礼！”不与接而入。颢苦吟咏，当病起清虚，友人戏之曰：“非子病如此，乃苦吟诗瘦耳！”遂为口实。

从此诗中可以看到，曾经放荡不羁的崔进士，因从军边塞，诗风大变，一洗少年时的浮滑习气。他来到黄鹤楼时已达中年，饱经风霜，从而对人生有了更深的感悟，早把诗名功业视作滔滔流水。正因为他是怀着一种平和的心态登临黄鹤楼的，所以才能把此诗写得情景交融，自然真切。他可能也没想到，自己这首信手而就、一气呵成的诗歌会成为传世之作，在后人所编的《唐诗三百首》中，被列为七律诗中的第一首。南宋严羽在《沧浪诗话》中称：“唐人七言律诗，当以崔颢《黄鹤楼》为第一。”这真是有心栽花花不开，

崔颢

崔颢吟诗

无心插柳柳成荫。可见佳作的诞生，不仅需要深厚的积淀，还需要触发的时机。诗贵自然，也讲究天时地利人和，恰到好处时便成珍品。

因此，我们品读此诗时，只有与崔颢的人生经历联系起来解读，才能真正抵达此诗所揭示的深刻寓意。“日暮乡关”不仅是诗人眼前的风景、心中的乡愁，也包含着“生命之意义、灵魂之归宿”，他在历史的烟波中询问“何处是”，可谓屈原似的“天问”，是在时间的流逝、生命的无常中，悄然探问灵魂之乡的归宿。正因如此深沉玄妙，才使后来的诗人们品味不已，自叹难以超越。这真是：“问黄鹤，已成千古；唱大江，更上一层。”

李白搁笔，眼前有景道不得

崔颢把诗题写在楼壁上，并未立即引起轰动。因为他在诗坛上不太出名，难得有人慧眼识珠。只到文魁星李白到来，他才沾上了星光，跃升为赛诗台的擂主。可以说，黄鹤楼高标卓立、诗名远扬，应归功于李白推波助澜。

在唐代诗人中，李白对黄鹤楼一往情深，留下的作品最多。据统计，他曾十五次吟咏这座名楼。究其原因，一是李白崇道，二是楚地情怀。

道教与唐王朝有不解之缘。高祖、高宗、玄宗，个个都崇尚道教。高祖为了表示自己确系天潢龙种、本支百世，称老子是他的祖先，并立庙祭祀。开元十三年（公元 725 年），李白出蜀，“仗剑去国，辞亲远游”。他乘舟沿江出峡，来到江陵时，居然见到了受三代皇帝崇敬的道士司马承祯。这位天台道士不仅法术高深，还写得一手好篆，诗也飘逸如仙，玄宗特地为他造了阳台观，并派胞妹玉真公主随他学道。李白能见到这个备受恩宠的道士，自然十分开心，便呈送诗文供其审阅。25 岁的李白风华正茂，器宇轩昂，司马承祯一见已十分欣赏，及至看了诗文更是惊叹不已，称赞其“有仙风道骨，可与神游八极之表”。他对李白的评价如此之高，自然引起世人关注，李白顿时声名大振，以至人们把他称为“谪仙人”。蛇山是著名道

李白

李白吟诗

场、成仙之地，“谪仙人”当然是要常来拜访，屡登名楼的。

二是李白曾居湖北安陆十年，与前宰相许圉师之孙女结婚成家。安陆离武昌并不远，这位游仙想来就来，说走就走，黄鹤楼便屡屡出现在他的诗作中，化为其棹歌中响亮的音符：

黄鹤西楼月，长江万里情。
春风三十度，空忆武昌城。
送尔难为别，衔杯惜未倾。
湖连张乐地，山逐汎舟行。
诺谓楚人重，诗传谢朓清。
沧浪吾有曲，寄入棹歌声。

李白初登黄鹤楼时，虽年不满三十，却已名满天下。他一路棹歌，随兴留墨，每首诗都会被人们视为至宝，马上流传开来。因此，他来到仙山引起了轰动，道士们盛情接待，备好笔墨请他留下墨宝名作。粉丝们紧紧跟随，争相围观。李白登楼四顾后，终于提起笔来，可见到壁上崔颢的题诗，神情渐渐凝重，连声赞道："好诗！好诗！"然后摇头长叹，掷笔于地。

因围观者甚多，道士们又眼巴巴地守候在一旁，李白不想让大家扫兴，决定还是留一首诗。可崔颢的题诗搅乱了他的情思，烦躁之中，挥笔写道：

一拳捶碎黄鹤楼，
一脚踢翻鹦鹉洲，
眼前有景道不得，
崔颢题诗在上头。

人群之中，顿时传出声声惊呼："诗仙李白竟然写了一首顺口溜！""李太白被崔颢逼得搁笔啦！""能让李太白搁笔的诗显然不凡！"于是，李白折服搁笔之说四处流传，一时注家蜂起，崔颢也因之蜚声诗坛。

虽然李白扫兴而去，但李白心悦诚服地推崇崔颢的诗，成为了诗坛美谈。有一游僧在李白的"打油诗"后续写了两句："有意气时消意气，不风流处也风流。"还有一位道士赞道："酒逢知已，艺压当行。"

鹤楼凤台，赛诗比才成双璧

“手持绿玉杖，朝别黄鹤楼。五岳寻仙不辞远，一生好入名山游。”才高气傲的李白虽然一时拜了下风，仍念念不忘搁笔之憾，多年之后，仍要与崔颢一比高低。当他在长安受小人排挤，难以得志，被唐玄宗“赐金放还”后，一路南下，寄情于山水之间。游至南京时，他登临了城外的凤凰台，看到华丽吴宫只剩断壁残垣于野花荒草之间，不由感慨万端，浮想联翩，便用崔颢一诗的原韵写下了七律《登金陵凤凰台》：

凤凰台上凤凰游，凤去台空江自流。
吴宫花草埋幽径，晋代衣冠成古丘。
三山半落青天外，一水中分白鹭洲。
总为浮云能蔽日，长安不见使人愁。

我们若将此诗与崔颢写黄鹤楼的诗对照，是很有意思的。这不是赛诗，胜似赛诗。两首七律诗均发怀古之幽情，不仅同韵，而且结尾三字相同，都是“使人愁”。不同的是，崔颢因“日暮”而望不到“乡关”，他的愁是旅客游子的乡愁。李白因“浮云蔽日”而望不到长安，指高力士、杨国忠等人蒙蔽唐明皇，导致自己不能留

黄鹤

在皇城，是屈原式放臣逐客的愁。因此，这两首诗就被历代文人评说，引起了优劣论。他们就好比不同时代的评委，先后登台，为谁该评第一而争论不休。

宋代评论家严羽认为：“唐人七言律诗，当以崔颢《黄鹤楼》为第一。”（《沧浪诗话》）

南宋诗人刘克庄说：“今观二诗，真敌手棋也。”（《后村诗话》）

元代文人方回说：“太白此诗，与崔颢《黄鹤楼》相似，格律气势，未易甲乙。”（《瀛奎律髓》）

明代文人中“拥崔派”较多，顾璘说崔诗：“一气浑成，太白所以见屈。”（《唐音》）

王世懋也认为李白不及崔颢，其理由是：二诗虽然同用“使人愁”，但崔颢用得恰当，李白用得不恰当。因为崔颢本来不愁，看到江上烟渡，才感到乡愁。这个“使”字是起作用的。李白是失宠之臣，肚子里早已装满愁绪，并非因登凤凰台才开始感到愁，他这个“使”字是用得不符合思想情绪现实的。（见《蓺圃撷余》）

徐献忠评曰：“崔颢风格奇俊，大有佳篇。太白虽极推《黄鹤楼》，未足列于上驷。”（《唐音癸签》引）

看来，随着时光流逝，“拥崔派”越来越多。到了清代，“拥崔派”明显占了上风，吴昌祺批李白诗道：“起句失利，岂能比肩《黄鹤》。后村以为崔颢敌手，愚哉。一结自佳，后人毁誉，皆多事也。”（《删订唐诗解》）意思是说，李诗起句不及崔诗，故没有与崔诗“比肩”的资格。但又暗暗地针对王世懋说，结句是好。

以直言快语闻名的金圣叹也出场了。这位评过《水浒传》、《红楼梦》的大才子竟然对李白的诗大肆冷嘲：“然则先生当日，定宜割爱，竟让崔家独步。何必如后世细琐文人，必欲沾沾不舍，而甘于出此哉。”这是说李白当时应该藏拙，不必作此诗出丑。

只有沈德潜为李白辩解，说他不是摹仿崔颢，而是“从心所造，偶然相似。必谓摹仿司勋，恐属未然”。但他也认为崔诗更好：“意得象先，神行语外。纵笔写去，遂擅千古之奇。”

显然，大多数人，特别是后人认为《黄鹤楼》胜于《凤凰台》，把崔颢评为写唐诗七律的冠军，这种评价似乎已成定论。因此，当我们翻开《唐诗三百首》，开卷之作便是崔颢的诗。

依今人的眼光来看，这两首诗都深受人们喜爱，是传诵千秋的名篇，所以才议论纷纭，形成了一段绕梁不息的诗坛佳话。若排诗人座次，崔颢当然是无法与诗坛巨星李白相比的，但在黄鹤楼这赛诗台上，他应是捷足先登，“遂擅千古之奇”。李白叹服搁笔，丝毫不影响其诗坛地位，反而说明他眼力超群、气度恢弘。

再说李白所写的《凤凰台》，此诗气韵高古，格调悠远，真是与崔诗异曲同工，把天荒地老的历史变迁与悠远飘忽的传说故事结合起来摅志言情，并体现了以气夺人的艺术特色。且不说比崔诗好，起码可称为各有千秋。若公正评价，应是“同为登临怀古的双璧”，如同清人楹联所云：

崔唱李酬，双绝二诗传世上；
云空鹤去，一楼千载峙江边。

桃扇生花，多情诗笔搁新亭

清代康乾盛世时，黄鹤楼非常热闹。戏曲家孔尚任应友人邀请，兴致勃勃地来到武昌。游黄鹤楼时，最令他感叹的是崔颢题诗使李白搁笔之说。

孔尚任是孔子六十四代孙，其苦心创作的传奇剧《桃花扇》，以复社名士侯方域与秦淮名妓李香君的爱情故事为主线，广泛而深刻地反映了南明王朝灭亡的历史，“借离合之情，写兴亡之感”，以巨大的艺术感染力，吸引了众多的读者和观众。王公显贵争相传抄，清宫内廷与著名昆曲班社竞相演出，一时轰动了京城，连康熙皇帝也派人向他索取《桃花扇》稿本。以至他声名远扬，与《长生殿》作者洪升有“南洪北孔”之称。

孔尚任画像

《桃花扇》

从史料看，孔尚任不仅文采了得，而且机智过人。山东曲阜孔子墓前石碑篆刻“大成至圣文宣王墓”是明人书写的，令人奇怪的是，墓碑前建有一道不伦不类的矮墙，将墓碑遮去了三分之一，只露出“大成至圣文宣干”，“王”字的底下一横看不见了。为什么建这样一道墙？相传与孔尚任有关。

康熙二十一年（公元1682年），孔尚任35岁时，应衍圣公孔毓圻之请出山，修《家谱》与《阙里志》，教习礼乐子弟，采访工师，监造礼乐祭器，为康熙帝玄烨第一次南巡祭孔活动作准备。次年康熙亲自到曲阜祭孔。这是清统一全国以后的第一次尊孔大礼，引人瞩目。孔尚任被选为御前讲经人员，引康熙观赏孔林“圣迹”。

香雾袅袅，烛光晃晃，当一

切准备停当，康熙走到孔子墓前准备跪拜时，发现墓碑上的字是“大成至圣文宣王之墓”，便尴尬地站在那里。祭祀鼓乐高奏，康熙帝皱了皱眉头，仍站着不拜，众人全都愣住了。这时，孔尚任立刻明白了其中道理：原来，皇帝是只拜师不拜王的。他马上叫人拿来一匹黄绸，把碑文中的“文宣王”盖住，并添上“先师”两字，成为“大成至圣先师”。康熙帝的眉头顿时舒展开来，伏身祭拜。为了不再出现类似的情景，孔子的墓碑前就建起了一道矮墙。

因讲经、导览都颇称职，康熙破格升孔尚任为国子监博士。可好景不长，第二年春天，他因一件疑案被罢官，只能“挥泪酬知己，歌骚问上天”，寄情山水，四处行吟。他对黄鹤楼并不陌生，在《桃花扇》一剧中就写有左良玉设宴黄鹤楼：

汉阳烟树隔江滨，影里青山画里人，可惜城西佳绝处，朝朝遮断马头尘……遥见晴川树底，芳草洲边，万姓欢歌，三军嬉笑，好一段太平景象也。远远喝道之声，元帅将到，不免设起席来。（台上挂黄鹤楼匾）（小生扮左良玉戎装上）

【声声慢】逐人春色，入眼晴光，连江芳草青青。百尺楼高，吹笛落梅风景。领着花间小乘，载行厨，带缓衣轻；便笑咱将军好武，也爱儒生。

孔尚任才气冲天，机敏过人，可手中如此美丽的“桃花扇”却

搁笔亭

扇不来仕途的春风。他游览黄鹤楼后，追怀李白，觉得自己的经历与这位曾受龙恩、后被赐金放还的大诗人何其相似，真是同病相怜。可李白搁笔、“文人相亲”的美谈，竟然没有风物纪念，这不是一大憾事吗？于是，他向地方官员提议，将楼后一亭命名为“搁笔亭”，并赋诗作序：

黄鹤楼在黄鹄矶头，其名虽久，实显于崔颢之诗。李太白见崔诗……遂搁笔而去，是崔之诗名又显于太白。后世盛传白云黄鹤之句……至于太白遗迹，竟未有及之者，更一缺事！……予徘徊亭下，遍读近人之诗，因口占四绝，书之粉板，并拟亭名于诗前，特为此地补此缺事。

孔尚任虽已罢官，却是当世名士，其进言自然使地方官员惊喜不已，立即挂匾刻石。搁笔亭也成为了文人墨客的唱酬之所，后人纷纷撰写亭联。在此且录两副妙联：

仙人又有楼居，不知十二年跨鹤行踪，来栖何地
翰林虽将笔搁，仍冀三千界钓鳌巨手，到此题诗

太白无诗，竟成千古恨
长安不见，更上一层楼

江夏人、道光进士彭崧毓所题搁笔亭一诗也令人品味：

搁笔伊谁构此亭，痴人说梦几时醒。
竟忘斗酒诗无敌，直立生花管不灵。
捉月何曾江上见，落梅争恐笛中听。
廓清赖有如椽出，净扫云烟睹日星。

搁笔亭于清同治年间毁于兵燹。现重建的搁笔亭置有石长条案，案上放有石墨砚和笔筒，并配四个石腰鼓凳，别含雅趣。亭柱上的楹联系清嘉庆年间江夏县令曾衍东为太白堂所拟的旧联“楼未起时原有鹤，笔从搁后更无诗”，由湖北潜江籍戏剧家、时任中国文联主席的曹禺所书。亭名行体字由诗人臧克家重新书写。

梅花飘落，谁家玉笛暗飞声

崔颢的题诗因李白搁笔而名气大盛，成为千古绝唱，武汉也由此被称为“白云黄鹤之乡”。李白后来也写下了多篇有关黄鹤楼的名作，如《与史郎中钦听黄鹤楼上吹笛》，赋予武汉“江城”之美名：

一为迁客去长沙，西望长安不见家。
黄鹤楼中吹玉笛，江城五月落梅花。

这是李白乾元元年（公元 758 年）流放夜郎经过武昌时游黄鹤楼所作，此时李白已年满花甲，饱经风霜。此诗写游黄鹤楼听笛，抒发了诗人的迁谪之感和去国之情。

西汉的贾谊，才华横溢，因指责时政，受到权臣的谗毁，贬官长沙。而李白也因永王李磷事件受到牵连，被加之以“附逆”的罪名流放夜郎。所以诗人引贾谊为同调。“一为迁客去长沙”，就是用贾谊的不幸来比喻自身的遭遇，流露了无辜受害的愤懑，也含有自我辩白之意。但政治上的打击，并没使诗人忘怀国事，在流放途中，他又不禁“西望长安”，这里有对往事的回忆，也有对国运的

黄鹤楼前江水流

关切和对朝廷的眷恋。然而，长安万里迢迢，对迁谪之人是多么遥远啊！望而不见，几多惆怅，听到黄鹤楼上吹奏《梅花落》的笛声，备感凄凉，仿佛这五月的江城落满了冷艳的梅花。

诗人巧借笛声来演染愁情，“梅花”是明指名曲《梅花落》，暗表诗人落寞之情。江城五月虽然没有梅花开放，但由于笛曲动听，便仿佛看到了梅花满天飘落的景象。梅花虽美，却不免给人以凛然生寒的感觉，也使人联想到邹衍下狱、六月飞霜的历史传说，传达出诗人的弦外之音。

另外，这黄鹤楼的玉笛，是何人吹奏，如此悠扬动听、牵人情思？我们不由想起持笛仙游的吕洞宾。他的长笛是铁笛，还可作兵器，传说他骑鹤而去时，把一管铁笛抛向云中，那铁笛正好插在黄鹤矶上，化成了千年名楼。窗如笛孔，任由天风吹奏，只要清风明月时，就会听见笛声袅袅。

显然，李白写此诗时，是联想起骑鹤吹笛的仙人的。读李白的诗，我们会发现，多情的玉笛常成为他诗中美妙的意象。在《春夜洛城闻笛》一诗中，他也没点明吹笛者，而是悄然发问："谁家玉笛暗飞声，散入春风满洛城。此夜曲中闻折柳，何人不起故园情。"

是的，在黄鹤楼听笛，是别有一番感慨的，不仅会触发乡愁别绪，还会引发仙人神鹤的遐思，叹问："此曲只应天上有，人间能得几回闻。"李白的诗就这样为我们描绘出一幅清冷空灵的听笛图：月色如霜，江波粼粼，清风吹来悠扬的笛声。循声望去，银辉笼罩的黄鹤楼显得格外神秘，宛如神话中的玉阁琼楼。哦，不知何人手持玉笛吹奏《梅花落》，五月的江城沉醉了，袅袅笛声中，仿佛飘落着一瓣瓣雪白的梅花……

李白这首诗意境优美，又是他晚年流放之作，因而在唐代诗坛引起强烈反响。诗人刘长卿的《听笛歌留别郑协律》，可谓唱合之作：

旧游怜我长沙谪，载酒沙头送迁客。
天涯望月自沾衣，江上何人复吹笛。
横笛能令孤客愁，渌波淡淡如不流。
商声寥亮羽声苦，江天寂历江枫秋。

今人仍在翻唱《梅花三弄》，姜育恒的歌便深情委婉：“梅花一弄断人肠，梅花二弄费思量，梅花三弄风波起，云烟生处水茫茫。”

刘郎又来，说笛老人今在否

有意思的是，诗文俱佳、与李白并称为“刘白”的刘禹锡还写了一首《武昌老人说笛歌》，绘声绘色地描绘出一位吹笛者的形象，似乎是回答“江上何人复吹笛”的询问。

“山不在高，有仙则名。水不在深，有龙则灵。”说起刘禹锡，我们就会想起他写的《陋室铭》。他是河南洛阳人，字梦得。贞元九年（公元793年），进士及第，当过礼部尚书。入仕为官后，因才华过人而遭遇了很多波折。他年轻时，在庐山作了一首诗《玄都观桃花》：

紫陌红尘拂面来，无人不道看花回。
玄都观里桃千树，尽是刘郎去后栽。

正因为这首诗和他过人的才华，他惨遭嫉妒，得罪了满朝权贵，发配出京14年之久。他当然不服气，再次回京时特上庐山，作诗《再游玄都观》，讽刺那些嫉贤妒才的“种桃道士”：

百亩庭中半是苔，桃花净尽菜花开。
种桃道士归何处？前度刘郎今又来。

刘郎有一年来到武昌，在月夜听到悠扬的笛声，远望黄鹤楼，不由想起李白的诗句，顿时心潮激荡，于是走街穿巷，去寻觅吹笛者。他没找到仙人，而是找到了一位白发苍苍的老兵，听说了老人酷爱吹笛的故事后，写下了这首诗作：

武昌老人七十馀，手把庾令相问书。
自言少小学吹笛，早事曹王曾赏激。
往年镇戍到蕲州，楚山萧萧笛竹秋。
当时买材恣搜索，典却身上乌貂裘。
古苔苍苍封老节，石上孤生饱风雪。
商声五音随指发，水中龙应行云绝。
曾将黄鹤楼上吹，一声占尽秋江月。
如今老去语尤迟，音韵高低耳不知。
气力已微心尚在，时时一曲梦中吹。

此诗平白如话，生动地记叙了老人爱笛、学笛、买笛、吹笛、

刘禹锡画像

梦笛的人生历程。诗中的“庾令”，是指为东晋王朝建功立勋的中书令庾亮。他镇守武昌，秋夜登南楼，与僚佐们洒脱不拘地谈笑。这个故事被后人引为佳话，刘禹锡有首诗写道：“庾令楼中初见时，武昌春柳似腰肢。相逢相笑尽如梦，为雨为云今不知。”他今天与老人相谈，也有庾令之快。诗中的买笛最为感人。这位贫寒的老兵在湖北薪春时，曾顶风冒雪去深山寻觅可做笛子的上等竹子，并不惜典当了身上唯一值钱的紫貂裘。爱笛如命的老兵，功夫自然了得。当年在黄鹤楼上吹笛时，美妙的笛声响遏行云，使秋江为之沉醉，明月为之动情。如今虽然老了，气力不够了，但梦中犹时时吹笛。

人生如笛，笛吹人生。这不是飘渺的仙人传说，而是真实的人间故事。后人感慨不已，在蛇山上建梦得亭。有诗记曰：

小亭飞角挂斜阳，坡下城池是武昌。
说笛老人今在否？横吹一曲忆刘郎。

李白的诗，就这样演绎出诗坛的“梅花三弄”，并生发出“玉笛梅花”的典故。后人常以此为题吟诗填词，佳句数不胜数：

谁将玉笛弄中秋，黄鹤飞来识旧游。

——（宋）范成大

九秋槎影横清汉，一笛梅花落远天。

——（明）张居正

当时玉笛今寥落，独有梅花照客杯。

——（明）吴国伦

白云霭霭仙人去，万古愁销一笛中。

——（清）李鼎元

这真如宋代词人张炎所道：“楼上谁将玉笛吹？山前水阔暝云低。劳劳燕子人千里，落落梨花雨一枝。”

黄鹤楼上，与曾国藩、左宗棠并称大清三杰的名臣彭玉麟撰有一联，可谓道尽游人喟叹：

心远天地宽，把酒凭栏，听玉笛梅花，此时落否？

我辞江汉去，推窗寄语，问仙人黄鹤，何日归来。

诗友送别，孤帆远影碧空尽

若论李白写黄鹤楼影响最广的诗，应首推《黄鹤楼送孟浩然之广陵》。李白居安陆时，常去拜访隐居在襄阳鹿门山的孟夫子。那时，李白还年轻，比他大十多岁的孟浩然已颇有诗名，以山水田园诗与王维并称为“王孟”。“春眠不觉晓，处处闻啼鸟。夜来风雨声，花落知多少。”这首广为传诵的唐诗便为孟浩然所作。在李白眼中，这位诗兄真是快活得很，仙风道骨，成天陶醉在山水之间。所以他在《赠孟浩然》诗中说：“吾爱孟夫子，风流天下闻。红颜弃轩冕，白首卧松云。”

孟浩然早年有用世之志，但政治上困顿失意，以隐士终身。他40岁时游长安，应进士举不第。曾在太学赋诗，名动公卿。传说当大官的诗人张说把他引荐给唐玄宗，玄宗叫他吟咏诗作，因他的诗中有“不才明主弃”之句，玄宗不悦，说：“卿不求仕，而朕未尝弃卿，奈何诬我！”于是，放归襄阳。

孟浩然从此看淡功名，四处漫游，在黄鹤楼也留下了诗作：

孟浩然画像

孟浩然吟诗

昔登江上黄鹤楼，
遥爱江中鹦鹉洲。
洲势逶迤绕碧流，
鸳鸯鸂鶒满沙头。
滩头日落沙碛长，
金沙耀耀动飙光。
舟入牵锦缆，
浣女结罗裳。
月明全见芦花白，
风起遥闻杜若香，
君行采采莫相忘。

诗友情深，唱和之中常有神来之笔。李白的《黄鹤楼送孟浩然之广陵》也可称为千古绝唱：

故人西辞黄鹤楼，
烟花三月下扬州。
孤帆远影碧空尽，
惟见长江天际流。

这首送别诗，大约写于开元二十年（公元 732 年），李白年方三十，孟浩然则已过中年，霜染发鬓。阳春三月，春意正浓，两人相约于黄鹤楼相会，李白为诗兄举酒饯行，然后送孟浩然顺江东下，前往繁华的扬州。当白帆随着江风渐渐远去，消失在蓝天的尽头，李白依然伫立江畔，凝视远方，只见一江春水浩浩荡荡地流向天边。

此诗飘逸灵动，寓离情于写景，以绚丽斑驳的烟花春色和浩瀚无边的长江为背景，极尽渲染之能事，绘出了一幅意境开阔、色彩明快的送别画。“故人西辞黄鹤楼”，这一句不光是点题，还因为黄鹤楼是传说仙人飞天之地，与孟浩然笑去广陵构成一种联想，增添了送别的妙趣。“烟花三月下扬州”则以浓浓的诗意再现了那暮春时节、繁华之地的迷人景色，以至被清人孙洙誉为“千古丽句”。

唐汝询《唐诗解》云：“‘黄鹤’分别之地，‘扬州’所往之乡，‘烟花’叙别之景，‘三月’记别之时。帆影尽，则目力已极；江水长，则离思无涯。怅别之情，俱在言外。”全诗没一个“离别”，但哪一句不透着依依惜别之情呢！

琵琶前奏，独倚帆樯歌女泣

黄鹤楼在唐诗中巍然屹立，风光无限。贾岛、韩愈、刘禹锡、

白居易画像

白居易、李商隐等著名诗人接踵而来，纷纷留下自己的诗作，仿佛这里有一场诗歌的盛宴，等待着他们欣然出席，把酒高歌。而诗中总少不了楚思商声、别恨离愁。白居易的《卢侍御与崔评事为予于黄鹤楼置宴，宴罢同望》，就是其中的经典之作：

江边黄鹤古时楼，
劳致华筵待我游。
楚思淼茫云水冷，
商声清脆管弦秋。
白花浪溅头陀寺，
红叶林笼鹦鹉洲。
总是平生未行处，
醉来堪赏醒堪愁。

此诗虽系答谢主人的应酬之作，但毫无一般应酬诗的俗气。诗中不仅描写出江城的迷人秋景，还抒发了诗人怀才不遇的忧闷之情。

这种“醉赏醒愁”在他夜泊汀洲、独对江月时更为浓烈，以至与天涯歌女相逢，有了一首《琵琶行》的前奏曲。

白居易（公元772—846年），字乐天，号香山居士，祖籍山西太原，晚年曾官至太子少傅。他从小聪颖过人，读书十分刻苦，读得口都生出了疮，手都磨出了茧，年纪轻轻的，头发全都白了。其诗歌题材广泛，形式多样，语言平易通俗，有“诗魔”和“诗王”之称，代表诗作有《长恨歌》、《卖炭翁》、《琵琶行》等。

元和十年六月，白居易44岁时，因写讽喻诗而得罪掌权的宦官集团，被贬为江州（九江）司马。他慨然长叹：“面上灭除忧喜色，胸中消尽是非心。”然后收拾行李，心灰意懒地出了长安城，坐船从汉水而下，远赴九江上任。当舟泊武昌鹦鹉洲时，已是秋风习习，景色萧瑟，这使他的心情更为沉重。淡淡的月色下，忽有歌声传来，如泣如诉，使他不禁寻声而去，从而写下了一首题为《夜闻歌者》的诗：

夜泊鹦鹉洲，江月秋澄澈。
邻船有歌者，发词堪愁绝。
歌罢继以泣，泣声通复咽。
寻声见其人，有妇颜如雪。
独倚帆樯立，娉婷十七八。
夜泪如真珠，双双堕明月。

借问谁家妇，歌泣何凄切。
一问一沾襟，低眉终不说。

白居易善写美女，是有名的风流才子。他曾蓄养大量家姬，还亲自指点她们学习乐舞。拜他的诗歌流传之赐，其家姬非常有名，最有名的是小蛮和樊素。“素口蛮腰”这个香艳的说法，就来自于白居易。但他与歌女同病相怜，无语相对，也演绎出黄鹤楼下的一曲佳话，描绘出鹦鹉洲畔的一幅画图，图中的少女是如此凄美逼真：“独倚帆樯立，娉婷十七八。夜泪如真珠，双双堕明月。”

这首诗的意境，与白居易后来在九江写的《琵琶行》十分相似，只是没有入室（舟）、命酒、赏曲、听身世等故事情节，显得更为真实。也许，正是有了这首诗的前奏，才有了《琵琶行》之交响曲，有了诗人更为丰富的吟、更加深沉的感叹：“同是天涯沦落人，相逢何必曾相识。”

楚思淼茫，苏轼诗书寄名楼

宋代的黄鹤楼也十分热闹，诗人云集，可赛诗台上却没有苏东坡登临的足迹，这不能不使人感到遗憾与好奇。因为，苏轼因乌台

苏东坡雕像

诗案而贬为黄州（今湖北黄冈）团练副使（相当于现代民间的自卫队副队长），黄州离武昌并不远，不论乘舟还是骑马，一日之内均可到达。黄州周边的名胜之地也首推黄鹤楼，他为什么不来亲眼看看呢？据其生平记载，他曾送家人乘船过武昌，可仍然没来登楼一游。

宋代最伟大的诗人元好问曾如此评价：“唐歌词多宫体，又皆极力为之。自东坡一出，性情之外，不知有文字，真有“一洗万古凡马空”气象。现代大作家林语堂为他作传，笔下妙趣横生：

苏东坡是一个无可救药的乐天派、一个伟大的人道主义者、一个百姓的朋友、一个大文豪、一个大书法家、一个创新的画家、一个造酒试验家、一个工程师、一个憎恨清教徒主义的人、一位瑜伽修行者佛教徒、一个巨儒政治家、一个皇帝的秘书、一个酒仙、一个厚道的法官、一个在政治上专唱反调的人。一个月夜徘徊者、一个诗人、一个小丑。但是这些还不足以道出苏东坡的全部……苏东坡比中国其他的诗人更具有多面性天才的丰富感、变化感和幽默感，智能优异，心灵却像天真的小孩——这种混合等于耶稣所谓蛇的智慧加上鸽子的温文。

苏轼谪居黄州后，曾多次到城外的赤壁山游览，写下了《赤壁赋》、《后赤壁赋》和《念奴娇·赤壁怀古》等千古名作。公余时他带领家人开垦城东的一块坡地，种田帮补生计。“东坡居士”的别号便是他在这时起的。他学博才高，极具灵心慧眼，走到哪里都能发现妙理新意，笔下几乎没有不能入诗的题材。如果他亲临黄鹤楼，一定会再次浩叹大江东去，写下不亚于赤壁赋的名篇佳作，可谓“词至东坡，倾荡磊落，如诗，如文，如天地奇观”。

其实，苏东坡是非常向往游览黄鹤楼的，只是因为被软禁在黄州，没有朝廷的允许不能远行，无法实现亲身登临名楼的愿望。他送家人乘船过黄鹤楼时重孝在身，是不可能弃船登楼游玩的。尽管如此，他仍然情寄黄鹤楼，书写了关于黄鹤楼仙人的传说，也写下了一首气势磅礴的名词《满江红·寄鄂州朱使君寿昌》：

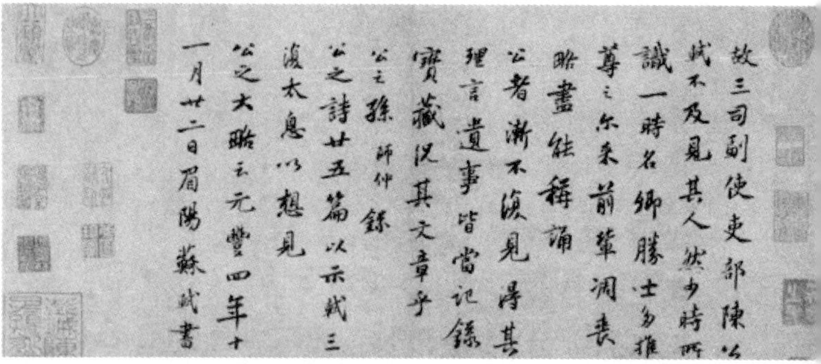

苏轼墨迹

江汉西来，高楼下、蒲萄深碧。犹自带，岷峨雪浪，锦江春色。君是南山遗爱守，我为剑外思归客。对此间、风物岂无情，殷勤说。

《江表传》，君休读；狂处士，真堪惜。空洲对鹦鹉，苇花萧瑟。独笑书生争底事，曹公黄祖俱飘忽。愿使君、还赋谪仙诗，追黄鹤。

此词是苏东坡贬居黄州期间寄给时任鄂州太守的友人朱守昌的。他直抒胸臆，谈古论今，表达出苍凉悲慨、郁勃难平的滔滔激情。

上片由景及情。开篇大笔勾勒，突兀而起，描绘出大江千回万转、浩浩荡荡的雄伟气势。长江、汉水自西方奔流直下，汇合于武汉，黄鹤楼岿然屹立，俯瞰大江。“蒲萄深碧”，化用李白的诗句“遥看汉水鸭头绿，恰似葡萄初酦醅”，形容流经黄鹤楼前的长江呈现出一派葡萄美酒般的深碧之色，可见当时生态之好、江水之清。以下“犹自带”三字振起，继续以彩笔为江水染色，并将楼前深碧与锦江春色联系起来，流露出了他对家乡锦城的思归之情，并触发怀友之思。

“对此间、风物岂无情，殷勤说”，既总束上片，又领起下片。黄鹤楼与赤壁矶一线相连，由风景人物引发怀古之情。《江表传》多记三国吴事迹，“狂处士”指的是恃才傲物、招致杀身之祸的祢衡，表示这段历史不忍卒读。接着笔锋一转，把讥刺的锋芒指向了迫害文士的曹操、黄祖，“不独笑书生争底事，曹公黄祖俱飘忽”。“争底事”，即争何事，意谓书生何苦与此辈纠缠，以惹祸招灾。残害人才的曹操、黄祖虽能称雄一时，不也归于泯灭了吗！收尾三句，借用李白搁笔之叹的故事，转出正意，希望友人超然于风高浪急的政治漩涡之外，寄意于历久不朽的文章事业，撰写出色的作品来追蹑前贤。这既是勉人，也是自勉，表露出作者对于永恒价值的追求。

全词形散而神不散，大开大合，境界豪放，议论纵横，使眼中景、意中事、胸中情相互契合；字里行间显露出深刻的人生思考，表现了对沉浮荣辱的超越，真是纵意所如，触手成春。

诗人虽未留踪影，名楼仍显宏词中。有东坡大作，黄鹤楼应该无憾。

勒马请缨，岳飞长啸满江红

南宋时，由于烽火连天，山河破碎，黄鹤楼也毁于一旦，诗人寻访时便多了悲壮之气。他们拍栏兴叹，慷慨悲歌。在黄鹤楼诗词中，最能体现民族英雄气质并被后人反复吟咏的，当属岳飞的浩然之词。

黄鹤楼下的岳飞铜雕像，再现了他扶鞍勒马、不忍举首北望破碎山河的忧愤神态。战马嘶啸，四蹄腾空，背后的浮雕上镌刻有岳飞书《满江红·登黄鹤楼有感》手迹。此手书墨迹在收藏家中流传历800年，直到20世纪初才在《国粹学报》上公开发表，因而格外珍贵。且让我们吟咏这首宏词：

遥望中原，荒烟外，许多城郭。想当年，花遮柳护，凤楼龙阁。万岁山前珠翠绕，蓬壶殿里笙歌作。到而今，铁骑满郊畿，风尘恶。

兵安在？膏锋锷。民安在？填沟壑。叹江山如故，千村寥落。何日请缨提锐旅，一鞭直渡清河洛。却归来、再续汉阳游，骑黄鹤。

岳飞凭借襄邓大捷，以仅32岁的年龄被封为侯（武昌郡开国侯），但他并非功名利禄之徒，念念不忘的是北伐大业。高宗绍兴七年（公元1137年），伪齐刘豫被金国所废后，岳飞曾向朝廷提出请求增兵，以便伺机收复中原，但他的请求未被采纳。次年春，

岳飞雕像

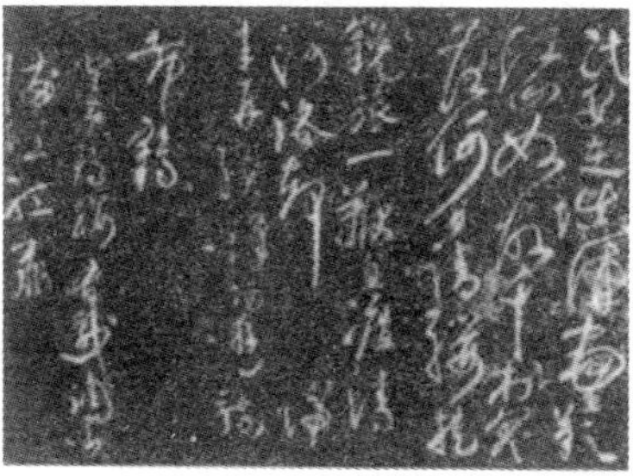

岳飞手书

岳飞奉命从江州（今江西九江）率领部队回鄂州（今武昌）驻屯。此词大概作于回鄂州之后。

词作上片以今昔对比手法，表露了词人忧国忧民的爱国感情和报国壮志难酬的悲愤心情。词作下片是叹息在南宋偏安妥协下，士兵牺牲，百姓死亡，景况萧条，希望率师北伐，收复失地，然后回来重游黄鹤楼。

这篇词作表现出强烈的爱国情感，同时也刻画了一位以国事为己任，决心“北逾沙漠，喋血虏廷，尽屠夷种。迎二圣归京阙，取故土上版图”（岳飞《五岳祠盟记》）的爱国将帅形象。读这首词，可以想见他下笔时的一腔忠愤。最后三句，作者乐观地想象胜利后的欢乐。眼前他虽然登黄鹤楼，作“汉阳游”，但心情是无法宁静的。不过，待到得胜归来，“再续汉阳游”时，一切都会改变，那种快乐，唯恐只有骑鹤的神仙才可体会呢！

但战事的发展却超出岳飞的想象。公元1140年，岳家军从鄂州出发，大举北伐，一直打到开封附近的朱仙镇。但宋高宗出于对这位功高盖世的名将的猜忌之心，奸相秦桧则害怕抗金的胜利破坏其议和计划，削弱自己的权势，先后用十二道金牌把岳飞从前方撤下来，然后罗织莫须有之罪名，于次年12月将岳飞父子杀害于杭州狱中。当时岳飞39岁、岳云年仅23岁。岳飞临刑前在狱案上挥笔写下“天日昭昭，天日昭昭”八个大字，表示了对投降派的最后抗议。

岳飞的军队“将和士锐，人怀忠孝”，“冻死不拆屋，饿死不打掳”，深得鄂州人民的爱戴。岳飞死后，即使在南宋王朝的高压政策下，鄂州一带十家之中仍有九家把岳飞的绘像挂在家中，晨昏予以奉祀。岳飞身先士卒，与部属同甘共苦，“一钱不私藏”。所以，岳飞旧部一直怀念他，纷纷为他的冤死鸣不平。但直到宋高宗死后，宋孝宗即位，岳飞的冤狱才得到平反昭雪，后来又被追封为鄂王。英魂还乡时，不知是否骑的是黄鹤？

江南系缆，陆游漫记武昌城

在古代诗人中，陆游是现留诗作最多的诗人，其一生笔耕不辍，今存 9000 多首，内容极为丰富。特别可贵的是，他留下了一部《入蜀记》，记录了他从浙江到四川一路旅程的见闻，其中便有对武昌城与黄鹤楼的描绘，是非常珍贵的史料。

陆游（公元 1125 — 1210 年），字务观，号放翁，越州山阴（今浙江绍兴）人，与王安石、苏轼、黄庭坚并称“宋代四大诗人”。他出身于一个由“贫居苦学”而仕进的世宦家庭，出生次年，金兵攻陷北宋首都汴京，他于襁褓中即随家人颠沛流离，自幼好学不倦，12 岁即能诗文。20 岁时与唐婉成亲，后被其母亲强行拆散，且唐婉后来早逝，导致这种感情伤痛终其一生，《钗头凤》、《沈园》等名作即是为此。

绍兴二十三年（公元 1153 年），陆游赴临安应试进士，取为第一，而秦桧的孙子秦埙居其次，秦桧大怒，欲降罪主考。次年参加礼部考试，主考官再次将陆游排在秦埙之前，竟被秦桧除名。只到秦桧死后，陆游的仕途才显明朗，历任枢密院编修官、通判、安抚使、参议官、知州等职。《入蜀记》是陆游入蜀途中的日记，共六卷。他 45 岁那年，由山阴（浙江绍兴）赴任夔州（现在重庆奉节一带）通判（知州的佐理官），从五月十八日晚起程，乘船由运河、长江

陆游画像

陆游吟诗

水路前往，历时5个多月才到达夔州任所。路上每天写日记，较多的是写景物，写观感，间或考证古闻旧事。

船泊武昌，他在日记中描述了江城当时的繁华景象：

泊税务亭，贾船客舫，不可胜计，衔尾不绝者数里。自京口以西，皆不及。……邑雄富，列肆繁错，城外南市亦数里，虽钱塘、建康不能过，隐然一大都会也。

几天后，他与友人同游白居易吟咏过的头陁寺："寺在州城之东隅石城山。山缭绕如伏蛇，自西亘东，因其上为城，缺坏仅存。州治及漕司，皆依此山。寺毁于兵火，汴僧舜广，住持三十年，兴葺略备。自方丈西北蹑支径，至绝顶，旧有奇章亭，今已废。四顾江山井邑，靡有遗者。李太白《江夏赠韦南陵》诗云：‘头陀云外多僧气。’正谓此寺也。”

据学者考证，“头陀寺”应该是现今武昌的宝通寺。宝通禅寺是历代皇家寺院，在建筑上显示出皇家气派，历来非常有名。《宝通寺志》载：“黄鹤山（即今蛇山）之东十里许有山，名东山（即今洪山），乃三楚第一雄峰。上有亭，南朝刘宋时期始建寺。唐贞观年间，额曰弥陀寺，面南，山门西向。”由此可见，洪山于南朝刘宋时期（公元420—499年）已建有寺院。

然后，陆游游览了蛇山，此时黄鹤楼已毁，只有老人才知道故址。他如此记述：

二十八日。同章冠之秀才甫，登石镜亭，访黄鹤楼故址。石镜亭者，石城山一隅，正枕大江，其西与汉阳相对，止隔一水，人物草木可数……黄鹤楼，旧传费祎飞升于此，后忽乘黄鹤来归，故以名楼，号为天下绝景。崔灏诗最传，而太白奇句，得于此者尤多。今楼已废，故址亦不复存。问老吏云，在石镜亭、南楼之间，正对鹦鹉洲，犹可想见其地。楼榜李监篆，石刻独存。太白登此楼，《送孟浩然》诗云：“孤帆远映碧山尽，惟见长江天际流。”盖帆樯映远山，尤可观，非江行久，不能知也。

复与冠之出汉阳门游仙洞，止是石壁数尺，皆直裂无洞穴之状……由江滨堤上还船，民居市肆，数里不绝。其间复有巷陌，往来憧憧如织。盖四方商贾所集，而蜀人为多。

从陆游日记中，可见南宋时的武昌城相当繁华，不亚于杭州、南京等大都会。但黄鹤楼已荡然无存，只能怆然凭吊，怀想李白、孟浩然、苏东坡等前辈诗人的名作。如此赛诗台，他岂能缺席，自然要留首诗。可不知何故，他当时没写，而是八年后他奉诏回京又经过武昌时，才写下了七言古诗《黄鹤楼》：

手把仙人绿玉枝，吾行忽及早秋期。
苍龙阙角归何晚，黄鹤楼中醉不知。
江汉交流波渺渺，晋唐遗迹草离离。
平生最喜听长笛，裂石穿云何处吹？

因为战乱，名楼无影，玉笛难寻，诗人只能怅然长叹：何处倾听那裂石穿云的笛声呢？

山光水色，鄂州南楼天下无

陆游在《入蜀记》中，还记述了蛇山南楼景色：

南楼

二十七日。郡集于南楼。在仪门之南石城上，一曰黄鹤山，制度闳伟，登望尤胜。鄂州楼观为多，而此独得江山之要会，山谷所谓“江东湖北行画图，鄂州南楼天下无”是也。下阚南湖，荷叶弥望。中为桥，曰广平。其上皆列肆，两旁有水阁极佳，但以卖酒，不可往。

南楼也是一座有名的诗楼，旧时称白云楼、安远楼、瑰月楼、楚观楼等，它与黄鹤楼、头陀寺、北榭并称为古时蛇山的“四大楼台”，其文化渊源可追溯到东晋。

晋成帝咸和九年（公元 334 年），荆州刺史陶侃病逝，庾亮代镇武昌，任西征将军。据南朝刘义庆《世说新语·容止》载，庾亮秋夜登武昌南楼，与僚佐们洒落不拘地谈笑。这个故事被后人引为佳话，同时也成为南楼文化的滥觞。不过，当时庾亮所登的南楼不在武昌蛇山，而在今湖北省鄂州市中心的古楼街。

蛇山南楼始建年代无考，其兴废沿革及其名称变更，地方志书和古代的一些诗文中有所记载。它的诞生至迟不晚于唐代，是黄鹤楼旁游客娱乐的场所。

最早将南楼入诗的是李白，曾写过“清景南楼夜，风流在武昌”

黄庭坚

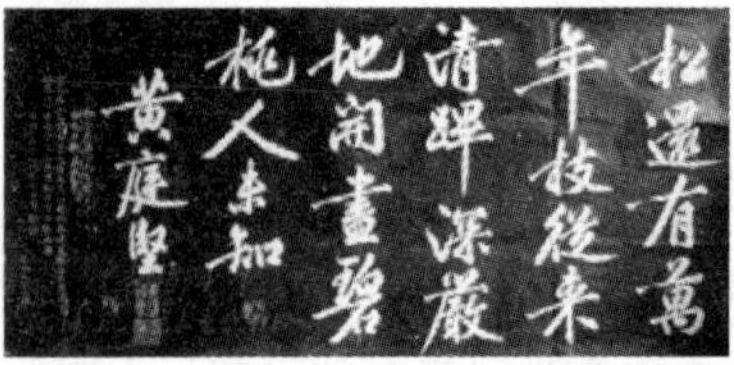

黄庭坚书法

的诗句。后来，风流才子们纷纷吟诗作词，使南楼诗名远扬。

被誉为“小杜甫”的唐代诗人杜牧在《南楼夜》一诗中写道：

玉管金樽夜不休，
如悲昼短惜年流。
歌声袅袅澈清夜，
月色娟娟当翠楼。

但这首诗比较一般，倒是他送友人去夏口而作的一首诗意味深长：“黄鹤楼前春水阔，一杯还忆故人无？”

北宋时，自号“山谷道人”的黄庭坚来了。这位与苏轼并称“苏黄”的著名诗人、书法家，仕途坎坷，曾贬官蜀中六年之久；召回京城才几个月，又因文字惹祸被贬广西宜山。途经武昌时，他决定不走了，客寓一年有余。

武汉的夏夜天气十分闷热，黄庭坚登上蛇山，来南楼纳凉，眼见明月清风，无拘无束，各行其是，想到自己屡屡遭人陷害中伤，不平之气难以言表，于是挥笔写下了《鄂州南楼书事》诗四首，在此录其一：

四顾山光接水光，
凭栏十里芰荷香。
清风明月无人管，
并作南楼一味凉。

诗人在南楼上倚栏四望，只见月下的青山分外幽静，山光水色悄然交接。楼下是一片碧湖，水面上荷花盛开，飘来阵阵香气。哦，这无人看管的清风明月是多么悠闲自在，如银的月色融入清风，潜入南楼，徐徐吹拂，使人感到格外凉爽。

这真是诗人笔墨，淡淡几笔，便勾勒出一幅清静优雅的夏夜纳凉图。“清风明月无人管”是诗人心绪的自然流露，因意味深长而成为人们传诵的名句。

这个宁静的夏夜使黄庭坚念念不忘，第二年，他又写了一首诗，大赞南楼之美，题目很长，题为《庭坚以去岁九月至鄂登南楼叹其制作之美成长》：

江东湖北行画图，鄂州南楼天下无。
高明广深势抱合，表里江山来画阁。
雪延披襟夏簟寒，胸吞云梦何足言。
庾公风流冷似铁，谁其继之方公悦。

这首诗使南楼声名远扬。从此以后，人们登上南楼，首先想到的就是黄山谷的名句："鄂州南楼天下无。"看来，他不愧为"金句诗人"。

笛弄中秋，范成大赋词吟诗

南宋时，由于黄鹤楼已毁，南楼便替代了黄鹤楼，成为了又一座赛诗台，骚人墨客竞相酬唱，名篇佳句甚多。陆游也与黄庭坚一样旧地重游，在写下游记八年后又赋诗南楼。与其游记相比，这首诗多了悲壮之气：

十年不抱武昌酒，
此日登临感触深。
舟楫纷纷南复北，

山川莽莽古犹今。
又临壮士兴怀地，
忠义孤臣许国心。
倚仗黯然斜照晚，
秦吴万里入长吟。

范成大画像

但若要评论南楼诗词谁夺冠，我们可以说词当推辛弃疾，诗应为黄庭坚和范成大。

范成大与尤袤、杨万里、陆游齐名，号称“中兴四大诗人”。他曾挺身而出，以资政殿大学士身份出使金朝，为改变接纳金国诏书礼仪和索取河南“陵寝”地事，慷慨抗节，不畏强暴，几近被杀，不辱使命而归，并写成使金日记《揽辔录》。孝宗淳熙四年（公元1177年），四川制置使范成大奉诏东还临安（今杭州）时沿江而下途经武昌，写下了诗词各一首。让我们先品读其词《水调歌头·细数十年事》：

细数十年事，十处过中秋。今年新梦，忽到黄鹤旧山头。老子个中不浅，此会天教重见，今古一南楼。星汉淡无色，玉镜独空浮。

敛秦烟，收楚雾，熨江流。关河离合，南北依旧照清愁。想见姮娥冷眼，应笑归来霜鬓，空敝黑貂裘。酾酒问蟾兔，肯去伴沧洲？

这首词紧扣中秋赏月，抒写了自己“眼看时事力难任”，十载徒然奔走仕途的悲愁和退隐田园的衷情。也许是同座者齐声叫好，作者诗兴大发，又写下了诗《鄂州南楼》：

谁将玉笛弄中秋？黄鹤归来识旧游。
汉树有情横北渚，蜀江无语抱南楼。
烛天灯火三更市，摇月旌旗万里舟。
却笑鲈乡垂钓手，武昌鱼好便淹留。

中秋之夜，是谁吹起悠扬的玉笛触动了黄鹤山上思乡的游子？远看江对岸，汉阳林木隐隐，含情历历；山下的长江水流无息，环楼而去。沿江的市面灯火烛天，三更不熄； 江上的船只迤逦相连，旌旗摇曳。谁说“宁饮建业水，不食武昌鱼”？这多情而热闹的武昌城，使我这个本该鲈乡垂钓的隐士，久久逗留而忘记了归期。

此诗自然质朴，清丽精致。既追怀古人，叹江山之盛；也描绘市景，赞武昌之美。用典自然贴切，令人品味。将作者写南楼的诗词相比，虽然异曲同工，但诗作显然胜过词作，可谓上品之作。

辞别武昌五年后，范成大在建康任上五次上书，终于得归乡里。他晚年的诗作亲切淳朴，洋溢着浓郁的乡土气息，因而被誉为著名田园诗人。当今小学语文课本就收入了他的一首田园诗：“昼出耘田夜绩麻，村庄儿女各当家。童孙未解供耕织，也傍桑阴学种瓜。”诗作朴实如话，又颇有情趣。

斜阳烟柳，江城惜春听辛词

南楼不仅诗歌盈窗，而且词曲满壁。南楼宋词中，最令人叫绝的是辛弃疾的词《摸鱼儿》。他是山东人，出生时，中原已为金兵所占。21 岁参加抗金义军，不久归南宋，历任湖北、江西、湖南、福建、安抚使等职，一生力主抗金，显示出其卓越的军事才能。其词作《破阵子》气势磅礴：

醉里挑灯看剑，梦回吹角连营。八百里分麾下炙，五十弦翻塞外声，沙场秋点兵。

马作的卢飞快，弓如霹雳弦惊。了却君王天下事，赢得生前身后名。可怜白发生。

辛弃疾画像

辛弃疾吟诗

文武双全的辛弃疾却不被朝廷重用，并屡受打击。40 岁时，他从湖北调到湖南继续当转运副使。这是掌管粮运的官职，对他来说真是大才小用，而且距离前线越来越远。当同僚们为他在南楼置酒践行时，他写了两首词一吐心中块垒。

第一首是《水调歌头》（自湖北漕移湖南，总领王、赵守置酒南楼，席上留别）：

折尽武昌柳，挂席上潇湘。二年鱼鸟江上，笑我往来忙。富贵何时休问，离别中年堪恨，憔悴鬓成霜。丝竹陶写耳，急羽且飞觞。

序兰亭，歌赤壁，绣衣香。使君千骑鼓吹，风采汉侯王。莫把骊驹频唱，可惜南楼佳处，风月已凄凉。在家贫亦好，此语试平章。

南楼风景绝佳，可诗人心中却感到万分悲凉，于是又写了一首《摸鱼儿》，继续倾泻胸中的郁闷：

更能消几番风雨，匆匆春又归去。惜春常怕花开早，何况落红无数。春且住，见说道，天涯芳草无归路。怨春不语，算只有殷勤，画檐蛛网，尽日惹飞絮。

长门事，准拟佳期又误。蛾眉曾有人妒。千金纵买相如赋，脉脉此情谁诉？君莫舞，君不见，玉环飞燕皆尘土。闲愁最苦，休去倚危栏，斜阳正在，烟柳断肠处。

这首词，上片主要写春意阑珊，下片写美人迟暮。辛弃疾采取比兴寄托的手法，通过惜春而又怨春，表现他对南宋王朝爱深恨亦深的矛盾心情，进而寄托娥眉遭妒，倾诉他对自身遭遇的不平。

词中用典，“长门事”是指汉武帝的皇后陈阿娇先得宠幸，后来失宠被废，贬居长门宫。陈氏听说司马相如的文章天下最工，便送去百斤黄金，求得一篇《长门赋》。汉武帝看到此赋，有所感悟，陈皇后再度承宠。事实上，《长门赋》并非司马相如所作，史书上也没有陈皇后被废后复得宠幸的记载。辛弃疾由此大胆生发，说被冷落的陈皇后本已有了与汉武帝重聚的希望，但是由于遭到武帝身边其他女子的妒恨，致使佳期无望。这时候，纵使陈皇后千金买得相如的生花妙笔，脉脉真情又能向谁倾诉呢？君不见，杨玉环、赵飞燕都是古代著名的美女，一个是唐玄宗的贵妃，“三千宠爱在一身”，后来安史乱中被缢死马嵬坡下；一个是汉成帝宠极一时的皇后，结局是被废为庶人后自杀。我期望春天长驻久留，但国势却如残春，风雨飘摇，斜阳烟柳，空有苦愁也！

此词问世以后，一时广为传唱，影响十分深远，人们将其与苏轼的《念奴娇》、柳永的《雨霖铃》等并称为“宋金十大曲”。近人梁启超称赞此词道：“回肠荡气，至于此极。前无古人，后无来者。”

南楼美人，天涯情味白鸟还

在歌吟南楼的众多词家好手中，还有民族英雄文天祥。他官至右丞相兼枢密史，一直坚持抗元，兵败被俘仍在狱中抗争三年多，后从容就义。这位爱国诗人留下了《过零丁洋》、《正气歌》等名作，令人一唱三叹，回肠荡气。但他早期为南楼所写下的词《齐天乐・庆湖北漕知鄂州李楼峰》，却是浅斟低唱，婉约多致：

文天祥画像

南楼月转银河曙，玉箫又吹梅早。鹦鹉沙晴，葡萄水暖，一缕燕香清袅。瑶池春透。想桃露霏霞，菊波沁晓。袍锦风流，御仙花带瑞虹绕。

玉关人下未老。唤矶头黄鹤，岸巾谈笑。剑拂淮清，槊横楚黛，雨洗一川烟草。印黄似斗。看半砚蔷薇，满鞍杨柳。沙路归来，金貂蝉翼小。

显然，此时的文天祥还未脱尽铅华，沉浸在“一缕燕香”之中，只到后来临危授命，血战沙场，其诗词才风骨毕现，浩气冲天。不过宋词向来有豪放与婉约两派之称，词人也往往有多副笔墨。若说起婉约派的代表人物，我们就不能不提起姜夔。

姜夔，号白石道人，世称姜白石。饶州鄱阳（今江西上饶鄱阳）人。童年失去父母，在汉阳的姐姐家度过了青少年时期。他爱好音乐文学和书法。成年后屡试不第，奔走四方，过着幕僚清客的生活。战争的灾难和人民的痛苦使他感到痛心无奈，忧郁凄凉便成了其音乐和文学创作的特色，作品素以空灵含蓄著称。在武昌，他吟诵的不是仙风黄鹤，而是佳人百鸟：

武昌十万家，落日紫烟低。
亭亭头陀塔，高处白鸟棲。
白鸟忽飞去，春山空四围。
南楼有佳人，再召且再辞。
闭门课文事，撄物深一机。
斯人不可致，白鸟会来归。

姜夔画像

只到淳熙十三年（公元1186年）入冬以后，武昌黄鹤山上建起了安远楼（即南楼），作者为参加落成典礼，携友人前往一游，并自度一曲《翠楼吟》，才在词中出现了“素云黄鹤”：

月冷龙沙，尘清虎落，今年汉酺初赐。新翻胡部曲，听毡幕元戎歌吹。层楼高峙。看槛曲萦红，檐牙飞翠。人姝丽，粉香吹下，夜寒风细。

此地，宜有词仙，拥素云黄鹤，与君游戏。玉梯凝望久，叹芳草萋萋千里。天涯情味。仗酒祓清愁，花销英气。西山外，晚来还卷，一帘秋霁。

这首词虽为庆贺安远楼落成而作，力图在“安远”二字上做出一篇喜庆的“文章”；但自觉不自觉地融入作者身世飘零之感，流露出表面承平而实趋衰飒的时代气氛。这就使词的意味显得特别深厚，真是天涯情味，花销英气。可这首词却因意境优美、词律动听而传唱开来，使我们看到粉香吹下的“南楼美人”乃歌女也。

姜夔吟诗

十年过后，朋友在汉阳江边听到歌女咏唱此曲，那歌女还能道出此曲的来历。姜夔得知这一消息，深受感动，于是，便为此曲补写了词序：

淳熙丙午冬，武昌安远楼成，与刘去非诸友落之，度曲见志。予去武昌十年，故人有泊舟鹦鹉洲者，闻小姬歌此词，问之，颇能道其事，还吴为余言之；兴怀昔游，且伤今之离索也。

由此可见，南楼不仅有“登龙戏马英雄事，都在南楼一啸中”的壮烈色彩，也有“槛曲萦红，檐牙飞翠”的美人佳话。它同黄鹤楼一样饱经沧桑，屡建屡毁。1985年黄鹤楼重建后，南楼也应运再建。新南楼背山面南，重檐飞角，青瓦朱楹，其左右两翼围以碑廊。虽址地东移，其恢宏绮丽则后来居上。正门楹联乃著名书法家李铎所书清人袁太华旧联：

抱郭江流，触耳似闻仙笛弄；
凌霄楼起，举头仍见白云飞。

袁枚看雪，长江化作银河渡

自崔颢题诗后，黄鹤楼诗词多云鹤之景、故乡之思。清代诗人袁枚却别具一格，描绘了黄鹤楼壮美的雪景。

袁枚（公元1716－1797年），钱塘（今浙江杭州）人。他24岁中进士，出为江宁县令，33岁即于南京小仓山筑“随园”，39岁就辞官退居园中，过着论文赋诗、遨游山水、优游自在的享乐生活。作为诗人，袁枚在清代中叶诗坛驰骋50个春秋，写下了近5000首诗，成为一代诗坛盟主，世称随园先生，与纪晓岚素有“南袁北纪”之称。

袁枚倡导“性灵说”，主张作诗要有真性情，要有个性，写自己的生活感受。其随园四面无墙，每逢佳日，游人如织，袁枚亦任其往来，不加管制，更在门联上写道："放鹤去寻山鸟客，任人来看四时花。"65 岁以后，他开始喜欢上了游山玩水，游遍名山大川，于 69 岁那年冬天到达武昌。他对江城并不陌生，曾夜泊石矶，月下吟诗：

随园

袁枚画像

万里青天月，三更黄鹤楼。
湘帘才手卷，汉水拍天流。
山影如争渡，渔歌半入秋。
深宵无铁笛，空自泊孤舟。

那是清静的秋夜，月色如霜。这次来却是江天迷茫，雪花纷飞。诗人穿着防滑的麻鞋登上名楼，看江城银装素裹，不禁飘然欲仙，便信笔写下了《黄鹤楼看雪》：

汉水茫茫摇白浪，一楼高踞浪花上。相传黄鹤此间飞，至今犹画仙人像。仙人一来不再来，我竟两次腾麻鞋。更值天公张玉戏，雪花片片飞瑶台。鹦鹉洲，汉阳树，远望迷离一匹布。妙手描成白泽图，长江化作银河渡……

此诗自由洒脱，开头两句便不同凡响，“一楼高踞浪花上”可谓是神来之笔，把雪浪上的黄鹤楼描绘得分外灵动。天幕如织，银河可渡，这仙台琼阁玉砌银妆，仿佛正演奏风呼雪舞、仙人骑鹤的大戏啊。

读此诗，我们不禁想起那些写雪景的名作，如柳宗元所描绘的“寒江图”：“千山鸟飞绝，万径人踪灭。孤舟蓑笠翁，独钓寒江雪。”还有张岱绝妙的《湖心亭看雪》：“天与云与山与水，上下一白。湖上影子，惟长堤一痕、湖心亭一点、与余舟一芥、舟中人两三粒而已。”相比之下，袁枚因登楼看雪，视野开阔，气象更大，诗笔所描绘的不是静物小景，而是云水长卷。有此诗，黄鹤楼四季之图，补齐也。

江陵才子，夜深高咏独扣舷

明代的黄鹤楼，仍是观景宴饮、抒发离愁别绪之处，因经历多次修葺重建而更显壮观。如果说苏东坡当年是因软禁黄州而难登黄鹤楼，那么，少时就被誉为“江陵神童”、后来权倾天下的内阁首辅张居正，从没登上家乡的名楼就使人感到疑惑。

张居正（公元1525－1582年），湖广江陵（今属湖北荆州）人。自幼聪颖。12岁投考生员，荆州知府李士翱很赏识他。13岁考举人时又颇受乡试主考官湖广巡抚顾璘赏识，二人成了忘年交。顾称其为“小友”，盛赞其为国器并解犀带相赠；然顾恐其过于顺利得意忘形而终无为，有意磨砺之，强制其落榜。他16岁中举，23岁入京会试中进士，42岁进入内阁大学士行列，48岁任内阁首辅。当时神宗皇帝年幼，朝政实际上由张居正一人掌管，直至万历十年（公元1582年）病卒，前后当政长达十年之久，是明朝中后期政治家、改革家，辅佐万历皇帝开创了“万历新政”。

不知什么原因，张居正没登黄鹤楼。好在他也留下了诗作妙句，从中可见其才华横溢。那是他29岁那年，因初入政坛，正值严嵩当政，官场昏暗，他深感理想无法实现，便借口养病，离京归乡。当舟泊汉江时，他远望黄鹤楼，描绘出一幅高远清丽、幽静闲适的秋江夜景图：

枫林霜叶净江烟，
锦石游鱼清可怜。
贾客帆樯云里见，
仙人楼阁镜中悬。

张居正画像

楚山秋色

九秋槎影横清汉，
一笛梅花落远天。
无限沧州渔父意，
夜深高咏独扣舷。

此诗以虚写实，亦真亦幻，宛如“一笛梅花落远天”，令人品味不已。这首诗也许是诗人的得意之作。晚年时他赠诗回湖北家乡的朋友，仍念念不忘此行，但清新之风已转为苍凉之气。诗云：

黄鹤楼中忆旧行，
白萍江上此离肠。
天边日气残支鹊，
帝里重华照骕骦。
燕市从未先郭隗，
汉庭那得老冯唐。
思君何处堪情切，
草色青青满建章。

两首诗对照，我们可以看到一位诗人从盛到衰的生命历程。曾经意气风发、高咏清汉的诗人，也许想起了唐代诗人王勃的感慨：“嗟乎！时运不齐，命途多舛，冯唐易老，李广难封。”远望家乡，怆然长叹。

鹤去楼空，无壁题诗志士愁

千余年来，黄鹤楼命运多舛，屡毁屡建。清代黄鹤楼“三经火发，工届八兴”，即遭受三次使楼体受到严重毁损的火灾，200余年间修葺8次，尤其在“康乾盛世”竟兴工5次，平均27年就修缮一次。

清代同治年间兴建的同治楼，被建筑学家们称为古代黄鹤楼之最，动用千余名工匠，耗资3万两白银，花了近10个月工夫。同治楼高七丈二尺，分三层，加上铜顶的高度，凑成九九之数，取长长久久的意思，寓意国家长治久安。楼阁设计的数理也很有意思，共分三层，取天、地、人的含义；每一层十二个翘角也各有意义，第一层代表十二个时辰，第二层代表十二个月，顶层二十八个翘角代表二十八个星宿。这样一座雄伟的楼阁，可惜毁于1884年的一场民间火灾。

当时媒体报道，黄鹤楼被焚为灰烬，只剩下一个铜铸的楼顶留

清同治黄鹤楼一景

给后人凭吊（该铜铸楼顶呈葫芦状，今仍完好如故置于蛇山上）。文人到此，莫不怆然感怀。

康有为在变法失败后，登黄鹤矶而热泪盈眶，写诗叹道：

浪流滚滚大江东，
鹤去楼烧矶已空。
巫峡云雨卷朝暮，
汉阳烟树带青红。
万家楼阁随波远，
百战江山扼势雄。
极目苍天帆影乱，
中原万里对西风。

纷乱的帆影中，走来了著名诗人黄遵宪。他出生于广东，公元1876年中举人，喜以新事物熔铸入诗，有“诗界革新导师”之称。面对废墟，他也不禁摇头长叹：

黄鹤高楼又捶碎，
我来无壁可题诗。

黄遵宪头像

黄遵宪墨迹

擎天铁柱终虚语，
空累尚书两鬓丝。

黄遵宪还在诗中自注云：“黄鹤楼已毁，南皮制府（指湖广总督张之洞）常语宾僚，将来炼铁有效，当改造铁壁，庶免火灾。然铁政一局，费饷五六百万，已易官为商矣。”

感叹“无壁可题诗”的诗人，却因国运日衰、烟波生愁而又题诗一首。这是光绪二十一年乙未（公元1895年）五月，黄遵宪至湖北办理教案。“方与客登黄鹤楼，忽闻台湾溃弃之报（指甲午战败台湾割让给日本的消息），遂兴尽而返。”悲愤之下，吟成《上黄鹤楼》一诗：

矶头黄鹄日东流，
又此阑干又此秋。

酣睡他人同卧榻，
婆娑老子自登楼。
能言鹦鹉悲名士，
折翼天鹅概督州。
洒尽新亭楚囚泪，
烟波风景总生愁。

卧榻之侧，岂容他人酣睡？可国土就这样被轻易割让，热血之士只能像楚囚一样泪洒新亭。诗人用典自然贴切，如“新亭楚囚”出自《世说新语》。说的是西晋覆灭之后，司马睿在建康建立了东晋王朝，中原士族相随南下，每当风和日丽，总是相聚新亭，同食共饮。周侯叹息：“眼前的风景没有什么不同，但山河却不同了啊！”话一出口，中原士人目光相对，都流下悲伤的眼泪。只有丞相王导面色严肃地说：“大家应当共同为国家效力，下定决心恢复中原失地，怎么能仅是在这里一起束手无策，相对而泣呢！”后来，人们便用“新亭对泣”来比喻亡国的悲恨及忧国伤时的郁愤之情。

同为烟波生愁，崔颢吟叹的是羁旅乡愁，而黄遵宪抒发的是国恨民愁，襟怀更为开阔。满腔忧国之情的诗人并没有黯然折翼，而是以极大的热情，投身到康有为掀起的维新变法的运动中。次年即参与上海强学会，与梁启超、谭嗣同等人创办《时务报》。9月，急于变法维新的光绪皇帝在北京召见了黄遵宪。光绪问：“泰西之政何以胜中国？”黄遵宪回答：“泰西之强，悉须由变法。臣在伦敦，闻父老言，百年以前，尚不如中华。”言语之中学西方而又保持中国自信的意义不言自明。光绪帝“惊喜天颜微一笑”，乃决定要重用黄遵宪。

在戊戌变法期间，黄遵宪署湖南按察使，力助巡抚陈宝箴推行新政。后来历充师日参赞、旧金山总领事、驻英参赞、新加坡总领事，成为出色的外交活动家。新、旧世界的强烈对比，使他的诗迥异于传统的士大夫诗。他以赤子情怀述时事、纪发明、道风情，用新语言，创新境界，为古典诗词面向近代、现代提供了有益的借鉴。以至有学者评价：“纵观中国近代历史，就开放意识而言，如果说林则徐是睁眼看世界的第一人的话，那么黄遵宪是真正走向世界的第一人了。”

第三章 名人留影

“大江东去，浪淘尽千古风流人物。”

高标卓立的黄鹤楼，宛如一管江南巨笔，立了又倒，倒了又立，写不尽云飞浪卷，春潮秋波。以至人们常用“一楼阅千年”来形容它的历史坐标，赞叹它穿越时间与空间的人文视野。有副长联就生动地描绘出黄鹤楼壮美的景色、神奇的魅力：

临高台而极目，看大别垂杨，郎官春草，凤凰远岫，鹦鹉芳洲，写不尽万家烟景，更兼着帆随岸转，汉接天回，想仙人弭节归来，邂逅相逢应颜笑。

沥浊酒以抒怀，问陶公战舰，庾令胡床，白石词锋，青莲采笔，又谁知千载英雄，都付与江上清岚，山间明月，剩我辈当歌痛饮，苍茫独立自吟诗。

20世纪初的武汉

登临黄鹤楼的每级台阶，我们都可听到历史悠长的回声，看到诗人名士投下的身影。他们像一只只黄鹤飘然而去，却使我们久久凝望江天，感怀不已。于是，山光水色之中，我们也变成了翩翩黄鹤，翱翔云空，看万家烟景，逢千载英雄。这不是一座寂寞的古楼，前有古人，后有来者，即使苍茫独立，也有云飞浪卷，玉笛声声……

书圣佳话，黄鹤楼下放白鹅

今天我们游览黄鹤楼，难寻升天黄鹤，却可见戏水白鹅。黄鹤楼边建有鹅池，池中植睡莲、玉莲，还置有两座由太湖石构成的假山，水中红鲤、锦鲤悠闲漫游，几只白鹅“曲项向天歌”，构成一幅美丽的天然山水画。

胜地鹅池，多追寻书圣王羲之爱鹅之说。《晋书》中记载有他

鹅池

王羲之画像

爱鹅的轶事：会稽有一个老妇人养了一只鹅，叫得好听，王羲之想把它买来却没有买到，就带着亲友动身前去观看。老妇人听说王羲之即将到来，就把鹅宰了煮好招待王羲之，王羲之为此叹息了一整天。

王羲之不仅爱鹅，也爱写“鹅”字。绍兴兰亭有块“鹅池碑”，相传“鹅”字为王羲之所书、“池”字王献之所书，父子合璧，成为千古佳话，被人称为“父子碑”。

无独有偶，在清代，黄鹄矶上曾有一方一笔草成的“鹅”字的刻石，字大如斗，线条遒劲，相传为王羲之所书，游人纷纷摹拓传布。

据说王羲之在黄鹤楼下放过鹅。有一天他与一书生聊天论鹅，言鹅是“禽中豪杰，白如雪，洁如玉，一尘不染”。他越说越兴奋，情不自禁地在地上写出一个鹅字。书生爱之，遂临摹藏之。为纪念这一佳话，后人立碑建池。

其实，书石者实为清人门镇国。他是满族人，曾任松滋知县九年，起初不识汉字，年近三十才开始描摩名帖，酷暑严寒从不间断，终成书法名家。

王羲之画像

王羲之鹅字碑

要说王羲之独笔鹅字的真迹，远在浙江天台国清寺，寺中立有鹅字碑。这块碑的独特之处在于：字分两半，痕迹可见，但又浑然一体。一个独笔鹅字出自两人手笔，右半边是王羲之的真迹，左半边是天台人曹抡选补写的。王羲之慕名游览浙东名山天台时，被那里的雄奇风光所倾倒，于是在华峰顶筑舍隐居，同时留下了这块“鹅”字碑。至清代，“鹅”字只剩下了右半边。曹抡选为补整其左半边，苦练王氏法书，历七年之久终于写成。至今碑上还有曹氏用小字写的跋语："于华顶墨池侧，发现右军鹅字碑壁，乃摹仿成全笔云。"

黄鹤楼边的鹅字碑虽非书圣真迹，但也算一曲仙山趣话。说起来，黄鹤楼之所以引人入胜，不仅在于其瑰丽的自然景色，更在于其深厚的人文积淀。它自古以来都不是一座孤立的楼阁，还有碑廊亭台拱星托月，其古碑廊里就汇集了历代名人的诗词、题字书法真迹碑刻 23 方。就今人笔墨而言，也是令人品味。"黄鹤楼"系中国书法家协会第一任主席舒同所书。西门匾额"气吞云梦"，为赵朴初先生所书。书法爱好者来此一游，定感不虚此行。

佛阁义诊，李时珍妙手回春

不知东晋时的书圣王羲之是否游览过黄鹤山，但湖北地灵人杰，也出了赫赫"三圣"，即诗圣屈原、茶圣陆羽、医圣李时珍。而且，李时珍还曾在黄鹤楼旁的观音阁行医义诊。

李时珍是湖北蕲州（今蕲春县）人，出生于世代医家。他 14 岁那年就考中了秀才，但对死读八股教条不感兴趣，曾遵从父命三次赴武昌应府试，均落选而归。于是他立志悬壶济世，渐成一代名医，民间流传着许多他妙手回春的故事。

李时珍画像

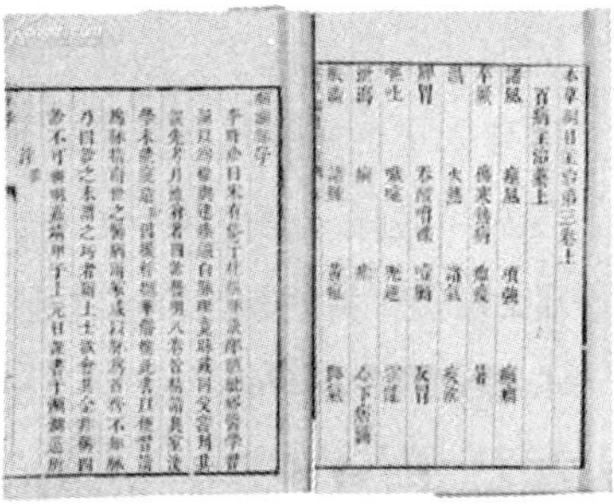

《本草纲目》

有一天，李时珍来到湖口，见一群人正抬着棺材送葬，棺材滴下点点鲜血。他上前一看，见流出的血不是淤血，赶忙拦住人群，说棺材里的人还有救。众人听了，面面相觑，人已死矣，再开棺惊动故人，不是太不吉利了吗？主人经不住李时珍反复劝说，终于答应开棺一试。李时珍对棺内的妇人先是进行了一番按摩，然后在其心窝处扎了一针，不一会儿，就见她轻轻哼了一声，竟然醒了，围观者纷纷称奇。不久之后，这名妇女又顺利产下一个儿子。李时珍可谓是用一根银针，救活了两条人命。人们惊叹不已，都传言他有起死回生的妙法。

楚王的儿子得了一种常发的气厥病，许多医生都治不好，便派人来找李时珍。经他精心医治，楚王儿子的病顺利地治愈了。楚王怕儿子旧病复发，一下子找不到这样的好医生，就任命李时珍做楚王府的“奉祠正”，主管郊庙祭祀，并兼管王府的“良医所”。后来由于楚王的推荐，使李时珍有机会进京师太医院，从而研读了大量古代医学文献。

李时珍虽身在王府，仍常到外边去给人治病。蛇山观音阁的一个老和尚跟他很要好，不久，观音阁就成了李时珍的义诊所，人们排着长队请他治病，视他为活菩萨。

当时，嘉靖皇帝迷信仙道，祈求长生不老。方士看准了皇帝的心意，便大炼不死仙丹，取悦皇帝，因而在全国掀起了一股炼丹热潮，不少人服用仙丹后中毒死亡。李时珍知道仙丹多用水银、铅、丹砂、硫磺、锡等炼取，含有毒素，便大声疾呼：“丹药能长寿的说法，决不可信！”由此得罪了许多方士道徒，将他视为狂妄之士。他也萌生退意，不想在王府久呆，一心想归隐田园，回乡著书。于是，他登临名楼时，追怀诗仙李白，写了一首《黄鹤楼怀古》：

当年控鹤访神州，独占荆南贯酒楼。
百尺倚楼吹玉笛，一生随地换金裘。
花翻笔底笼鹦鹉，星落杯中吸斗牛。
三万六千消不尽，翩然散发下沧洲。

通过这首诗，我们可见医圣也是豪放之士。他在行医中目睹了太多的病痛，决心写一部医药书，以有助于解除人间疾苦。于是他回到故乡，三易其稿，于万历六年（公元1578 年）写成的《本草纲目》，不仅系统地总结了我国 16 世纪以前医药学的丰富经验，而且把医药学的研究提高到新的阶段，从而被誉为世界医药学名著。其一管紫毫，可谓神笔也。

大王吟诗，咱老子站在蛇山

武昌地势险要，历来是兵家常争之地，饱经战火摧残。明末时的黄鹤楼，便于公元 1643 年毁于张献忠所部攻打武昌的战火中。

张献忠，延安人，粗识文字，曾在延安府充捕快手，后来在“长隶延绥镇为军”，因胆大妄为犯了军法，被捆起来要在军中斩首。主将陈洪范见他状貌奇特，起了爱才之心，主动要为他到总兵面前求情。但陈洪范还没未得及张口，外面的张献忠已经乘机逃脱。张献忠的桀骜不驯和做事的不成章法由此可见一斑。

明崇祯三年（公元 1630 年），陕西饥民发动起义。张献忠趁势在米脂聚众而起，并很快以能谋善战的八大王出名。他与李自成等归附起义联军首领高迎祥，高迎祥称闯王，他与李自成号闯将。不久，张献忠与李自成开始分裂，张献忠率部进攻长江流域，李自

张献忠画像

1880年的黄鹤矶

成则在黄河流域活动。崇祯十六年（公元1643年）五月，张献忠攻下了武昌，将楚王装进笼中投入长江。随即强迫武昌城15岁以上、20岁以下的男子入伍，其他的不分男女老幼全部杀掉。从鹦鹉洲到道士洑，浮尸蔽江。

张献忠占据武昌城后，自称“大西王”，称武昌为京师，设立六部五府，以楚王府为新王宫，宫前树起两面大旗，上书“天与人归，招贤纳士”。他开科取士，殿试取30人为进士，授以官爵。

这时，李自成也在襄阳建号称王，并对张献忠占据武昌十分不满，出榜文昭示手下说：“有谁能擒住张献忠献给我的，奖赏千金。”又派人送书信威胁张献忠。张献忠力弱，难以对抗，便命人带了厚礼去讨好李自成，请求彼此相互援助。李自成却不把使者放回来。于是，张献忠恼恨交加，登上蛇山，远望江北，吟了一首不文不白的打油诗：

滚滚长江去不还，
隔断龟蛇不相攀。
龟山就譬比李闯，
咱老子站在蛇山！

相传张献忠吟完诗后，还令部下唱和。此时黄鹤楼已化成一片焦土，陪同的文人虽然胆颤心惊，也不得不捧场应和。后来，张献忠率兵下湖南，进四川，在成都建立大西政权，即帝位，号大顺。公元1646年，清军南下，张献忠引兵拒战，在西充凤凰山中箭而死。

还有一种说法：黄鹤楼并非张献忠烧毁，而是明军总兵左良玉纵火烧毁楚王府时秧及于火灾之中。但张献忠题诗黄鹤楼，《明史》中确有记载，并称其凶忍残暴，真乃人间大凶贼也。他的打油诗成为了民间笑谈，可谓“丘八诗”之祖，同时也浮现着黄鹤楼惨痛的记忆。

名山展卷　林则徐江城焚烟

道光十七年（公元1837年），林则徐任湖广总督，一位名叫朱久香的学使画了一幅《花间补读图》，林则徐为画作欣然题诗：

黄鹤楼前玉笛吹，梅花如雪驻襜帷。
燃藜独理丹铅业，门下何人借一鸱。

西风分手短长亭，水蓼红疏荇叶青。
何日名山同展卷，书生还许灶觚听。

显然，这是一幅风轻云淡的画作，名山高楼，花红叶青。诗人难得有此闲情逸志，因为他到任不久，就发动了两湖地区禁烟运动，在武昌阅马场焚烟，奏响了“虎门销烟”之序曲。

9世纪初叶，鸦片烟雾早已弥漫武汉三镇，烟毒泛滥成灾。鸦片走私猖獗，大毒枭动辄偷运烟土、烟膏数千两。市民吸毒成瘾者，倾家荡产，妻离子散。男则铤而走险，沦为盗贼；女则卖笑青楼，坠入深渊。

林则徐力主禁烟，先后向道光帝三上禁烟奏折，痛陈若不严禁鸦片，“数十年之后，中原几无可以御敌之兵，且无可以充饷之银”，

清代最后一座黄鹤楼

林则徐画像

并在《筹议严禁鸦片章程折》中提出“禁烟六策”。上折后，林则徐考虑到“定议需时，虑民心一放难收，即商之湘鄂两巡抚，大举禁烟”，在武昌、汉口、汉阳开设禁烟局，委派得力官员查访开馆兴贩之徒，收缴烟土、烟膏及烟具，在三镇通衢要道、大街小巷遍张禁烟告示，明示政策，震慑烟毒。

于是，一场声势浩大的禁烟运动迅即在武汉三镇掀起。在短短三个月内，查烟馆、抓烟贩、搜烟土、缴烟枪，禁烟运动形成咄咄逼人之势。1838 年 10 月 27 日，林则徐亲自督阵，把从三镇起获的烟土烟膏 16768 两、烟枪 1759 杆，集中于今武昌阅马场校场上，当众刀劈槌碎后销毁。即便是一些余膏残沥，也伴以桐油，再行烧透，将灰投入江心。

当时，三镇百姓赶往武昌阅马场观视焚烟者络绎不绝，无不击节称快。禁烟之强大声势，迫使三镇烟民纷纷自行戒烟。林则徐“爱民如子”，亲自收集研究戒烟药方，设官配制断瘾丸。他亲手配制的断瘾丸，系久经采访所得，屡试屡验，对戒烟起到奇效。

林则徐在武汉的禁烟运动，揭开了中国近代禁烟斗争的序幕。他的禁烟主张与禁烟成果，引起朝野上下禁烟呼声的日益高涨，逼迫道光皇帝从“明禁暗弛”的迷梦中幡然醒悟，遂上谕禁烟，并令林则徐晋见。

11 月 27 日，林则徐从武昌启程进京，向道光帝奏请断绝鸦片来源等应对之策。是年 12 月 31 日，道光皇帝下旨任命林则徐为钦差大臣，节制广东水师，赴广州督办查禁鸦片，从而燃起虎门销烟之烈火，宣告了中华民族决不屈服于侵略的决心。林则徐亦因此扬名于世，一展鸿图。

奥略抱冰，张之洞种豆得瓜

从黄鹤楼往南走，走不多远，就可看到抱冰堂。此堂为少有的单层正檐歇山式穿斗镂花建筑，造型精美，结构精巧，四周花木扶疏，缀以假山湖石，景色宜人，逸趣盎然。

抱冰堂

张之洞画像

抱冰堂是纪念张之洞的生祠，因为他别号抱冰。显然，他特别喜欢王昌龄的诗：“洛阳亲友如相问，一片冰心在玉壶。”

这位晚清“中兴之臣”是直隶（今河北）南皮人，却以湖北为第二故乡，自谓“劳歌已做楚人吟”。他于公元1889年调任湖广总督后，在这片热土上耕耘19年，练新军，开学堂，办洋务，先后创办了汉阳铁厂、湖北枪炮厂、大冶铁矿、织布局、缫丝局、纺纱局、制麻局、制革厂等一批近代工业化企业，谱写出其人生最辉煌的篇章，使武汉被誉为“东方芝加哥”，成为中国近代工业崛起的中心。

公元1907年，当张之洞以70高龄赴京任职后，湖北门生后人筹款纪念他的功绩，不仅盖了抱冰堂，还在黄鹤楼旧址上修建

奥略楼

奥略楼上眺望长江

"风度楼"。张之洞建议该楼改名"奥略楼"，取晋书刘弘"恢弘奥略，镇绥南海"之意。这座楼，在相当长的时间里被世人误认为黄鹤楼，直到1957年建武汉长江大桥武昌引桥时才被拆除。

张之洞没有在黄鹤楼留下诗词，但在对岸的晴川阁留下了墨迹，体现出他"中体西用"的抱负情怀。那是一副令人回味的对联：

洪水龙蛇循轨道
青春鹦鹉起楼台

后人评价说，这副对联可谓概括了他既守旧又创新、在新旧潮流中苦苦求索的人生，他循的是旧轨道，搭起的却是新楼台。

张之洞督鄂成果显著，成为继曾国藩、李鸿章之后声誉隆升的汉人封疆大吏。清廷惧怕张之洞在湖北成尾大不掉之势，便以明升暗换手法，调张之洞进京出任军机大臣。白发苍苍的张之洞去了北京，不到两年，这位时任太子太保的顾命重臣就去世了。据说，他临死之际，长叹“国运尽矣”。

在中国历史舞台上，张之洞是个性格鲜明的角色。他满腹经纶，才华横溢，故自命清高、张狂傲慢。这方面，野史中有许多绘声绘色的描绘。据说，当青年梁启超因维新变法而声名鹊起，成为光绪帝的红人时，湖广总督张之洞不以为然。当梁来武昌拜访他时，一见面，他就出了个上联：

四水江第一，四时夏第二；先生来江夏，谁是第一，谁是第二？

梁启超也不示弱，对出下联：

三教儒在前，三才人在后；小子本儒人，何敢在前？何敢在后？

此联对得相当绝妙，张之洞态度顿变，热情招待。另有一说，是孙中山拜见张之洞，递上“学者孙文求见之洞兄”的名片。张之洞一看，大为不满，随即回帖：

持三字帖，见一品官，儒兄竟敢称兄弟！

汉阳铁厂

孙文也是高人，即回：

行千里路，读万卷书，布衣亦可傲王侯！

张之洞亦大吃一惊，马上恭请入衙。由之可见张之洞高傲自负，但爱才惜才。

后人评价张之洞在武汉实施的“新政”是“种豆得瓜”。辛亥革命爆发前四年，慈禧太后就感觉到了不祥之兆，对接任湖广总督的端方说：“造就人才的是湖北，我最担心的也是湖北。”历史就是这样诡异，张之洞担任过封疆大吏的地方，如广州、武昌、南京，后来几乎都成了革命的发源地。因此，孙中山评价张之洞是“不言革命的大革命者”。

武昌首义前，革命党发动过多次起义，均惨遭失败。武昌首义大获成功，最先飘扬起共和之旗，显然与张之洞“种豆得瓜”有关。因为，武昌起义依托的是城市，是一场典型的资产阶级民主革命。从世界范围来看，能够诱发资产阶级革命的城市，往往是工业经济发达、资产阶级力量雄厚、民主思想活跃的城市，也一定是现代教育发达、社会风气开放的城市。这些条件，20世纪初的武汉，有些已经具备，有些正在形成。

张之洞一生清廉，虽经手2000万银，死后却靠致赠的奠仪安葬。幸亏他在武昌起义前两年去世，不然看到江山易帜，真会无语以对。其晚年所写的《九曲亭》一诗，似乎一语成谶：

华颠文武两无成，羞见江山照旆旌。
只合岩栖陪老衲，石楼横榻听松声。

青山石亭，抱膝且为梁父吟

张之洞学识过人，不拘一格地重用人才，手下最得力的幕僚是梁鼎芬。此公少年得志，博学且有奇才，但性格十分怪异，是晚清著名的“梁疯子”。他在宦海几起几落，还为光绪修陵植树，任废帝溥仪的师傅，一生充满了传奇色彩。

梁鼎芬（公元1859—1920年），广东番禺人。光绪六年进士，授编修。光绪十年（公元1884年），因弹劾北洋大臣李鸿章惹怒慈禧太后，连降五级，故愤而辞官，自镌一方“年二十七罢官”小印，收拾包袱回广东老家。

时任两广总督的张之洞却“高其风节”，如获至宝，马上请梁鼎芬主讲惠州丰湖书院，次年转任肇庆端溪书院山长。张之洞移任

梁鼎芬

湖广总督后，又请梁鼎芬“参其幕府事”。梁鼎芬由此成为张之洞身边的“诸葛亮”，长期追随左右，出谋划策，推波助澜，使其在晚清政局的风雨飘摇中稳如磐石。

张之洞视梁鼎芬为知己，相继委任其为武昌知府、湖北按察使，并请求朝廷赏加二品衔，以示鼓励。但再入庙堂之高的梁鼎芬仍操守如旧，并不看重头上这顶乌纱帽，更不因早年“建言获罪”而却步。先具折奏请化除满汉界限，继于入宫觐见皇上和太后时，当面弹劾慈禧晚期宠臣庆亲王奕劻“通赇贿”，还弹劾直隶总督袁世凯引用私党。可忠心不得好报，再度被激怒的慈禧下诏“诃责”，梁乃“引疾乞退”，再次挂冠而去，闭门读书。

当张之洞在北京去世，梁鼎芬闻之亲往送葬直至原籍南皮。在发丧的路上，他一路步行，号啕大哭，老泪纵横，痛哭之声，压过众孝子。其挽联云：

老臣白发痛矣，骑箕整顿乾坤，事且了；
满眼苍生凄然，流涕徘徊门馆，我何如？

蒋介石与张学良在抱膝亭留影

湖北教育开一代新风，梁鼎芬功不可没。他辅佐张之洞筹办各类专业学堂，筹建公共图书馆，并选派优秀学生到欧洲、日本等国留学，其中一批人（黄兴、宋教仁、唐才常等）回国后成了革命志士。广州起义失败后，清廷通缉黄兴风声甚紧，梁出于师徒情深，筹措路费让黄兴出逃。几天后，估计黄兴已经远逃，他才贴出追捕布告。民国初年，湖北学界为纪念梁鼎芬，在蛇山山顶建了一座抱膝亭，亭名取诸葛亮的“抱膝长吟为梁父”之语意，“梁父”暗喻其人。

1935 年，蒋介石来汉时，时任武汉行营主任的张学良曾陪同他在此亭游览并合影留念。这年 10 月，张学良奉调西安，一年后发动了震惊世界的“西安事变”。此亭因建立长江大桥被扯毁，1994 年重建于黄鹤楼东坡，筒瓦脊饰，羽翼舒展。有人写诗叹道：

植桧焚诗忒有情，勿将凡眼视儒英。

颂公为楚修文德，石造山亭不冠名。

故国神游，于右任长歌当哭

在民国元老中，于右任可称为大才子，诗书俱佳。毛泽东在第一次国共合作期间，曾任国民党中央宣传部代部长，与于右任有过交往，十分敬重这位元老。晚年时他还向秘书田家英索要“已存”的于右任草书。

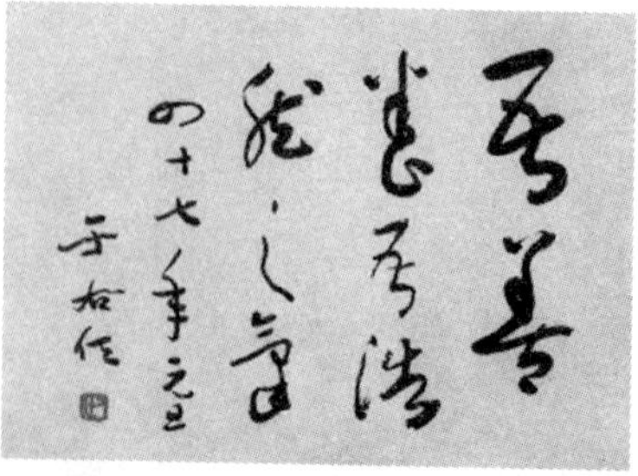
于右任书法

于右任画像

据说，重庆谈判期间，毛泽东与于右任曾在一起畅谈诗词。在谈话中，于右任对毛泽东的《沁园春·雪》极力称赞，对该词的结句“数风流人物，还看今朝”尤为赞赏，认为是激励后进之佳句。毛泽东却道：“怎抵得上先生‘大王问我，几时收复山河’之神来之笔。”原来，于右任参观成吉思汗陵墓时曾赋《越调·天净沙》：“兴隆山上高歌，曾瞻无敌金戈，遗诏焚香读过，大王问我：几时收复山河。”说罢，两人拊掌大笑，举座皆欢。

于右任诗作甚丰，年轻时参加反清革命，在武昌也留下了一曲《浪淘沙．黄鹤楼》：

烟树望中收，故国神游，江山霸气剩浮沤。黄鹤归来应堕泪，泪满汀洲。

凭吊大江秋，尔许闲愁，纷纷迁客与清流。若个英雄凌绝顶，痛哭神州。

于右任晚年羁留台湾，身边没有一个亲人，故土之思、黍离之悲，缭绕胸怀，难以消解，化作了一曲哀歌《望故乡》：

葬我于高山之上兮，望我故乡；故乡不可见兮，永不能忘。
葬我于高山之上兮，望我大陆；大陆不可见兮，只有痛哭。
天苍苍，野茫茫，山之上，国有殇！

诗人长歌当哭，仿佛是其所写黄鹤楼之诗的悠长回声。感情真挚沉郁，爱国怀乡之情溢于言表，真是一首触动炎黄子孙灵魂深处隐痛的绝唱。

民国之门，首义红楼尽朝晖

在阅马场广场（今首义园）北端，有一幢欧式红色楼房，其建筑形式完全依照近代西方国家议会大厦，风格典雅庄重。它西邻黄鹤楼，北倚蛇山，因红墙红瓦，武汉人称之为红楼。

红楼原为清朝政府设立的湖北咨议局局址，于清宣统二年（公元1910年）建成。其所在地阅马场，原是军队检阅之处，十分宽阔，有马笔直通向江边的湖广总督府，张之洞当年就是在那里坐镇江城，运筹帷幄，因大兴洋务而被称为“洋务总督”。 建汉阳铁厂时，他为督察方便，力排众议，在督府可隔江而望的汉阳龟山脚下建厂，以至传为笑谈。但现在看来，把铁厂建于城市交通便利处，是有一定道理的。

1911年10月10日晚，起义枪声响起后，起义军打开中和门（即今起义门），接应驻扎在城外南湖的炮队进城，炮队迅速在中和门、楚望台和蛇山山顶架炮向湖广总督府发起猛烈进攻。在激战中，蛇山的炮火有效击中总督府，形成巨大火光。起义军组织了百余人的敢死队奋勇进攻，当时守卫总督府的清军约有3000人。有胆大的市民跑上街头，主动帮起义军运送弹药，呐喊助威，还有人把商店里的煤油拿到大街上燃烧起来，照得督署周围一片通红，给蛇山上的炮队指引方向。守军溃散，总督瑞澂慌忙率少数卫兵从后墙凿洞，

首义炮台

革命军攻打总督府

逃往江边停泊的军舰。

蛇山炮台位于山顶，遗迹犹存，现摆有三门大炮，还有修复后的城墙，气势雄伟。站在炮台上，武昌古城的风光一览无余，可以体会当年猎猎雄风。

11日黎明，革命党的十八星旗帜在黄鹤楼（奥略楼）上高高飘扬，宣告着起义的胜利。革命党人推举起义总指挥吴兆麟为湖北军政府大都督时，吴却拼死不应，说自己资望不够，还是找湖北谘议局的议员们商议为妥。议长汤化龙也不愿出山，说清廷必派重兵南下，即有战事发生，还是得找个带兵的人。大家想来想去，就想到了湖北新军协统（旅长）黎元洪。

黎元洪原本是海军出身，早年毕业于天津水师学堂，参加过中日黄海大战，舰毁后凫水获救。

鄂军都督府

民国明信片上的图像：黎元洪、孙中山、黄兴

战争结束后，北洋海军的军官一律被斥革，他投奔张之洞而得到重用。革命军找到黎元洪，将他拥至咨议局出任都督，但他执意不肯接受。直到有人拔枪威胁，他才无奈默许。于是，《中华民国军政府鄂军都督黎布告》贴遍全城，布告天下。

12日，武汉三镇全部落入革命军之手，黎元洪的态度也来个一百八十度大转弯，不仅剪掉发辫，还干脆剃了光头表示决心。五天后阅马场设祭坛，摆香案，举行“祭天大典”。黎元洪一身蓝色戎装，面对黄帝牌位，伏地叩首，然后起身正冠，朗声宣誓：“昭告于皇天后土，与尔军士庶民，戮力协心，殄此寇仇，建立共和政体。”

此时，清王朝调动大军，南下武汉。黄兴由沪来鄂，主持军

革命军检阅场景

事。革命军政府遂于11月3日任其为战时总司令，又在红楼前搭起高台，举行了盛大的拜将仪式。黎元洪庄重地把兵符帅印授予黄兴，黄兴振臂宣誓，官兵同应，呼声震天。

红楼前方有一锥形纪念碑，碑正面有“拜将台”三个大字，其下为“辛亥首义鄂军都督黎任黄兴为总司令在此授印”两行小字，纪念黄兴拜将。此碑背面有“中华民国十七年十月十日辛亥首义同志会立”款识等。

另外值得一提的是，宋教仁在红楼起草了《中华民国鄂州临时约法草案》，这是近代中国第一个公布并实施的宪法，是当时行使中央职能的湖北军政府的卓越贡献，宣示了民主共和国的形象，成为《中华民国临时约法》的蓝本。

红楼

武昌义声赢得全国响应，260余年的清朝统治顿时瓦解，2000多年的封建帝制随之终结，红楼因而被尊崇为“民国之门”。

今天我们走进红楼，可参观许多史迹，遥想当年风起云涌的场景。为此，笔者曾写过一首诗，感叹历史的奇妙：

苍苍蛇山，几多诗人登临
无论春花秋月，从来都不寂寞
从黄鹤楼到首义红楼
不过是山上山下，平平仄仄
历史却行吟了二千多个春秋
才让王朝繁花谢尽，到此凋落
从此，这座城市首创的新词
便抑扬顿挫，传遍了泱泱诗国
至今仍在吟唱：民主共和

武昌城头，孙中山慷慨演讲

首义成功来之不易，孙中山曾写过一首慷慨激昂的诗，悼念同盟会会员中起义牺牲的第一个烈士刘道一：

半壁东南三楚雄，刘郎死去霸图空。
尚余遗孽艰难甚，谁与斯人慷慨同。
塞上秋风悲战马，神州落日泣哀鸿。
几时痛饮黄龙酒，横揽江流一奠公。

孙中山毕生为之奋斗的事业，终于由“武汉一呼，四方响应”，遂毕其功于一役，“痛饮黄龙酒”的日子欣然来临。

1912年，孙中山辞去临时大总统后，于4月9日至13日在武汉停留了5天。他凭吊首义英烈，参观革命胜迹，又于4月10日登上蛇山，在奥略楼前发表了激情洋溢的演说。当时颇有影响的《时报》作了详细报道：

十日（1912年4月10日）下午三时，中山先生偕胡汉民、景耀月、程明超等漫步武昌，经南楼、官钱局出平湖门，面对浩荡奔流的长江，妖王激战劫后的汉阳，烈士们为国葬之墓依稀可见，使中山先生更平添几分吊古伤今之情。这时，城头、江岸、早已挤满的人群，

孙中山在武昌和各界人士合影

汉口革命军

争相瞻仰中山先生的丰采，频频鼓掌欢迎。中山先生循黄鹄矶由汉阳门进城，登临黄鹤楼。顿时，黄鹤楼上鼓乐齐鸣，彩旗飞扬，马上又出现了盛大的群众欢迎场面。中山先生正在拾级徐登的时候，演说团代表尹相、社会党代表冯斗，站在路旁迎迓。中山先生与他们合影于南皮楼（即奥略楼）前。接着应代表们的邀请，发表演说，先向在场群众问好。他说：“今天我能到武昌城头，奥略楼下，与大家一道畅游欢叙，感到莫大的幸福。我远离海外，提倡革命二十余年，从不敢自图安逸。去年武昌起义，各省响应，才造成今天的中华民国。我能得以归国，游此江山胜迹。抚今追昔，怎不感慨万千！”

他接着说：“现在中华民国既经成立，满清专制制度已经结

孙中山像

束，中华民国的国民再不是满清专制统治下的愚民百姓了。从今开始，大家应有主人翁思想，享国民权利，尽国民义务，决不能再循满清专制时代做百姓的习惯，任人奴役、愚弄、宰割。如果将从前的百姓同现在的国民等同看待，那就是大错特错。今后，我们要尽国民天职，扫除做愚民百姓的故态。”

中山先生还激励大家说：“我们大家要同心协力，以最大的热心和毅力，把中华民国建设成一等民国，使世界公认我国国民为世界第一等国民，这是我最大的希望。”中山先生的讲话不时被阵阵热烈的掌声所打断，他阐发的深刻思想和远大抱负，发人深思，鼓舞人心。

这时，黄鹤楼边，走道回廊，亭间花际，仕女如云，都在聚精会神，听奏时代的洪钟，仿佛已被警醒。一群天真烂漫的儿童，举着小旗，喧唱而过：“打满清，把黄兴，守南京，到湖北，是福星，他说话，我爱听。”

集会散后，已是夕阳斜照，黄鹤楼沐浴在金色的晚霞之中。中山先生携二女公子登楼，极目远眺，观赏壮丽河山。然后下楼后至抱膝亭、吕祖阁，观看“鹅”字碑及其他墨刻遗迹。黄鹤楼之后，旧有鄂绅学界所修之奥略楼及南皮、张香涛之祠宇，中山先生以南皮造成楚材颇覆满祚。可谓为不言革命之大革命家，爰对其肖像顶礼，以示崇拜伟人之意。既而黄昏月上，才乘兴而归。

在这次行程中，孙中山还谈到了在武汉建都的可能性。此时，武汉三镇在建置上并未统一，但他后来在《建国方略》中将其联成了一体，首次提出“武汉”的名称：“武汉者，指武昌，汉阳，汉口三市而言。”他认为三镇拥有百万人口，工业已有基础，商务发达，可成为未来中国现代化事业的领头雁，规模可与纽约、伦敦、巴黎比肩。

武汉一直立有两座孙中山铜像，一座是汉口三民路口的“铜人像”，另一座就矗立于武昌红楼前。而且，“中山”二字在武汉随处可见，如中山大道、中山路、中山公园等，可见武汉与孙中山的特殊情缘。

烟雨苍茫，毛泽东词赋名楼

毛泽东对武汉情有独钟，一生中先后40余次来到武汉。探其原因，一是武汉为九省通衢之地，北上南下均要路过。二是他是湖

青年毛泽东油画

农民运动讲习所

南人，华中大城市武汉离家乡近。可能还有一个重要原因，那就是他一生最惬意的婚姻家庭生活是在武汉度过的。

站在黄鹤楼上，我们可以看到附近的武昌老城区，江边有条老街名叫都府堤。这里原有所小学，后来成为农民运动讲习所。从 1926 年底到 1927 年 8 月，毛泽东与杨开慧带着三个儿子在这里生活了两年之久，享受了难得的天伦之乐。

那时国共第一次合作，农民运动如火如荼，为了培训骨干，毛泽东与董必武、蔡和森等人创办了农民运动讲习所，并在这里书写了《湖南农民运动考察报告》。“对毛泽东来说，这段日子既愉快又郁闷，愉快的是难得一聚的家庭生活，但他在事业上却经历了不少曲折”。此时作为

1952年春节毛主席游览蛇山

毛主席畅游长江

革命运动中心的武汉，逐渐浮现出重重危机。1927年四五月间，中共“五大”在都府堤20号召开，它与毛泽东当时的住所隔街相望，仅距20米。这次“五大”撤消了毛泽东农委书记的职务。7月15日，汪精卫公开叛变，直到8月，毛泽东才离开武汉秘密回到湖南，去领导发动湘赣边界秋收起义。

就在这年春天，毛泽东在武汉写下《菩萨蛮·黄鹤楼》词，表现出了浓浓的忧患之情：

茫茫九派流中国，沉沉一线穿南北。风雨莽苍苍，龟蛇锁大江。黄鹤知何处，剩有游人处。把酒酹滔滔，心潮逐浪高。

1957年《诗刊》创刊，发表了毛泽东的这首诗词，作者自注：“一九二七年，大革命失败的前夕，心情苍凉，一时不知如何是好，这是那年的春季。夏季，八月七号，党的紧急会议，决定武装反击，从此找到了出路。”

诗人一别 26 年，直到 1952 年春节，他在建国后第一次来到武汉，才登临蛇山，旧地重游。

适逢春节，虽然天寒地冻，雪花飘飞，但游人不少。毛泽东穿着长大衣，还带着口罩，系着围巾，人们并没有认出他来。他先后游览了奥略楼和抱冰堂，下山时，一个小孩竟然认出了他，孩子惊喜地喊道："毛主席！毛主席！"人群立刻潮水般涌来。卫士们好不容易才挤开人群，紧张地护卫着他下山登船。登船后，他摘下口罩，回头向大家招手，顿时掌声雷动。后来，罗瑞卿向中央政治局作了检查，说安全保卫工作没搞好。毛泽东毫无责怪的意思，只是说了句："真是下不了的黄鹤楼。"

其实，毛泽东喜欢武汉，还有一个原因，那就是可畅游长江。1956 年 5 月 31 日，63 岁的毛泽东第一次在长江游泳后，就在当夜写下了《水调歌头·游泳》：

才饮长沙水，又食武昌鱼。万里长江横渡，极目楚天舒。不管风吹浪打，胜似闲庭信步，今日得宽余。子在川上曰，逝者如斯夫。

风樯动，龟蛇静，起宏图。一桥飞架南北，天堑变通途。更立西江石壁，截断巫山云雨，高峡出平湖，神女应无恙，当惊世界殊。

于是，7 月 16 日这一天便成为了武汉年年举办的渡江节，人们以黄鹤楼下的江边为起点，劈波斩浪，游向对岸的汉口江滩公园。

千年古楼，雄伟大桥，成为了节日最美的背景。

武汉抗战，大火雄歌杰阁前

1937年12月南京失陷后，武汉随即成为国民政府战时首都，蛇山上的湖北省图书馆主楼遂成为战时中国最高统帅指挥部所在地。为了鼓舞抗战士气，祭奠为国捐躯的烈士，1938年初，国民政府军事委员会在蛇山南坡建成一座表烈祠，用以表彰先烈、供奉抗战中阵亡的将士。

随着前方战事日益惨烈，祠堂落成后，几乎每天都有前方阵亡将士的灵位入祠。直至1938年10月武汉沦陷，这里供奉着郝梦龄、刘家祺等知名抗战将领，以及所有参加武汉保卫战牺牲烈士们的灵位，包括空战英雄李桂丹、陈怀民等。

1947年7月7日，为纪念七七事变十周年，当局组织数万民众，为抗日阵亡将士灵位恢复入祀，举办了游行奉安祭典。当时的《武汉日报》曾报道："灵位所经，行人肃立致敬、商店住户争相鸣炮，素车白马备极哀荣"，"门首一联云：其生也荣，国有干城，民有楷模；虽死不朽，在地河岳，在天日星……"。

后来，忠烈祠逐渐荒废，但建筑仍存。2011年，为了迎接辛亥

武汉市民抬头观看空战

蛇山烈士寺

革命100周年，彻底原样整修了表烈祠，并更名为“烈士祠”，将武汉会战的烈士和辛亥革命首义烈士一并安置在其间。同时，还专门组织了《武汉会战陈列》的展览，忠烈寺再次成为祭祀抗战英烈的国家级博物馆。

武汉抗战如火如荼，也集结了来自全国的文艺界名人，号称“五百罗汉会江城”。由周恩来实际领导、郭沫若任厅长的三厅，组织了许多声势浩大的宣传活动。如台儿庄大捷的消息传来时，武汉三镇一片欢腾，举行了有10余万人参加的火炬大游行，火光映红了半边天，黄鹤楼前的几十级台阶上都挤满了人。田汉为此激动地写下了《抗战扩大宣传周水上火炬大游行有感》：

大火雄歌杰阁前，

1938 年，周恩来、彭德怀、郭沫若、叶剑英在武汉合影

长江两岸万雷喧。
江头野老私相问：
盛况何如北伐年？

1938 年 9 月 26 日，武汉会战正酣，《新华日报》刊登了一篇报道：“当你走过武昌汉阳门的时候，即可以望见黄鹤楼壁上的巨大的全民抗战的壁画，据说这是抗战以来的第一幅大画。”

此处所说的“黄鹤楼壁”，是指奥略楼下蛇山护壁。这幅名为“全民抗战”的壁画气势宏大，浓墨重彩地展现了“欢送战士上前线”、“慰问抗日战士”、“挖战壕”、“抬伤员”、“运弹药”等场景，令人热血沸腾。

策划绘制壁画的是三厅艺术处处长田汉和美术科代科长倪贻德。据亲历者回忆：“在城墙上绘画，最低限度也要将城墙的砖缝隙和凸凹不平处用石灰抹平。可是由于形势紧张，时间紧迫，来不及这样做，只拔掉墙缝的杂草，扫除飞尘砂土。绘画时很费劲地涂抹颜料或油漆，可是城墙上的原底色还是没有盖住。”

黄鹤楼下的抗战大壁画不止一幅。2011 年，有学者在美国纽约国际摄影中心发现了战地记者罗伯特·卡帕在 1938 年 3 月拍摄的相关照片。照片上，一位身着工装的画家正聚精会神地站在梯子上工作，壁画上绘制了坦克、战车、骑着战马的中国军官等。卡帕在照片说明中写道：“中国人民生活在战争的阴影下，整个国家在战壕中，在战场的后方市民们不得不参与到国家争取独立自主的战斗中。城市的墙壁上布满了绘画，绘制了中国军队为之战斗的自由与独立的象征。”

10 月 21 日，广州失陷，武汉的气氛更加紧张。22 日，朱德赶赴华北前线经过武汉，与周恩来、郭沫若短晤。郭沫若在抗战回忆录《洪波曲》中回忆，朱德临别题诗《重逢》赠给他：“别后十有一年，大革命失败，东江握别，抗日战酣，又在汉皋重见……重逢又别，相见——必期在鸭绿江边。”

24 日上午，郭沫若在汉口市区查看撤离武汉时的对敌宣传工作时，看见他拟的标语“武汉是日本侵略者的坟墓”已高挂于水塔之上，横陈在马路中央，字大如斗。他随后为报纸写了一篇社论——《武汉永远是我们的》，文中说：“我们的武汉并不是对于佛朗哥的马德里，而是对于拿破仑的莫斯科！”

附录：黄鹤楼游览简介

巍峨耸立于武昌蛇山的黄鹤楼，是古典与现代熔铸、诗意与美景构筑的精品。她处在山川灵气动荡吐纳的交点，享有“天下江山第一楼”的盛誉。

黄鹤楼建筑群由主楼、配亭、轩廊、牌坊组成，分布于三层平台上，沿中心轴线逐层升高。第一层平台为黄鹤楼公园西大门，中央是胜象宝塔。第二层平台上有一座庄重富丽的牌坊，牌坊两侧有曲廊和南北配亭。两亭间有一巨石，石上有一组黄鹤归来的铜雕：两只刚刚归来的黄鹤，伫立于灵龟巨蛇之上，寓意黄鹤回到龟蛇对峙之地。第三层平台的中央耸立着黄鹤楼。

黄鹤楼坐东朝西，楼顶为攒尖顶。四面各起一座歇山骑楼，呈五顶并立状。五层飞檐斗拱，古朴典雅，一色琉璃瓦，富丽堂皇。七十二根大柱拔地而起，六十个翘角凌空舒展，恰似黄鹤腾飞。四面来风，翘角上的风铃发出浑圆深沉的音响。这是以清代同治楼为摹本重新设计的，既不失黄鹤楼传统的独特造型，又比历代的旧楼更加雄伟壮美。骑楼均有黑底金色的楼匾，正面“黄鹤楼”为中国书法家协会第一任主席舒同所书，北面是“北斗平临”，南面是“南维高拱”，东面为“楚天极目”。

进入第一层大厅，迎面是大型壁画《白云黄鹤图》，取材于“驾鹤登仙”的传说，表现出一派黄鹤归来之欢乐景象，洋溢着神奇浪漫的气氛。画前两柱上挂吴作人所书清人旧联：

爽气西来，云雾扫开天地撼；
大江东去，波涛洗尽古今愁。

第二层大厅内，正中央壁上镌刻着由唐代阎伯瑾所撰的《黄鹤楼记》。南北两端各有壁画《黄鹤楼设宴》及《孙权筑城》。厅内陈列有从宋、元、明、清至现代的五座风格各异的黄鹤楼模型。可见唐楼富丽，宋楼雄浑，元楼堂皇，明楼隽秀，清楼奇特，当代楼雄伟。

第三层大厅内陈列着大型壁画《人文荟萃·风流千古》，描绘出“唐宋十三名士”画像及吟咏黄鹤楼的诗词，从中能看见崔颢，浓眉大眼，一派粗犷。他身边的是李白，还有白居易、孟浩然、王维，等等。正是这样一批骚客雅士，当年在黄鹤楼头宴客会友，把酒酹江，寄情抒志，泼墨作诗。他们间或还在龟蛇二山间的江面泛舟抚琴，时而高山流水，时而大江东去，时而春草萋萋……

大厅前立柱上挂有一副清人王镇藩所撰旧联：

形势出重霄，看江汉交流，龟蛇共秀，爽心豁目，好消受明月清风，更四顾无边，尽教北瞻岘首，东望雪堂，西控岳阳，南凌滕阁；

沧桑几度劫，兴名公宴集，词客登临，感古怀今，都付与白云夕照，溯千载已往，只数笛弄费，酒贳吕祖，诗题崔颢，笔搁青莲。

此联写出两种时态下的两座“黄鹤楼”，应该是黄鹤楼众多楹联中的佼佼者。其上联共时态，下联则历时态。上联描写的是视觉上的黄鹤楼，下联则是叙述人们心中的黄鹤楼。而这两座“黄鹤楼”，又是一个完美的统一体。

第四层大厅系一间歇处，备有案台与文房四宝，供游客即兴赋诗题词、泼墨作画。

五楼大厅四壁一组《江天浩瀚》壁画，表现出万里长江的奔腾浩瀚和气贯长虹。厅外回廊环绕，凭栏远眺，“一上丹梯人境外”，八方烟景，尽缩眼底，令人神情俱爽。中秋之夜，在此赏明月，吟诗作对，自然别有一番情趣。

黄鹤楼主楼周围尚有 60 余处配套景致，亭台楼阁、塔坊廊轩、苑馆池园、雕塑、石刻，错落有致地分布于山石花木之中。其中颇具影响的当数白云阁、南楼、涌月台等。

坐落于蛇山高观山顶的白云阁，历史上曾是南楼的一个别称。当年崔颢把“白云”与“黄鹤”相联怀古，顿觉生动。郭沫若也有“白云千载意，黄鹤为低回”的诗句。现白云阁与黄鹤楼遥相辉映，构成了作为武汉代名词的“白云黄鹤”的标志物。

位于黄鹤楼东南 185 米处的南楼，又名安远楼、瑰月楼、楚观楼等，它与黄鹤楼、头陀寺、北榭并称为古时蛇山的“四大楼台”，大约始建于唐代。李白、杜牧、黄庭坚、陆游、范成大都有诗赞颂之，至南宋时一度成为蛇山之绝胜，大有取代黄鹤楼之势。1985 年重建的南楼，既保持古风，亦有新韵。正面檐下悬“今古一南楼”匾额，正门楹联为李铎所书清人袁太华旧联：

抱郭江流，触耳似闻仙笛弄；
凌霄楼起，举头仍见白云飞。

涌月台位于白云阁西南角约 10 米处，传为北宋黄庭坚贬官鄂州知府时所建，取唐代杜甫“月涌大江流”之意。

此外，一揽亭、搁笔亭、吕仙洞、跨鹤亭、西爽亭、留云亭、日照亭、九九归鹤图、岳飞亭，等等，都富具厚重的人文内涵。

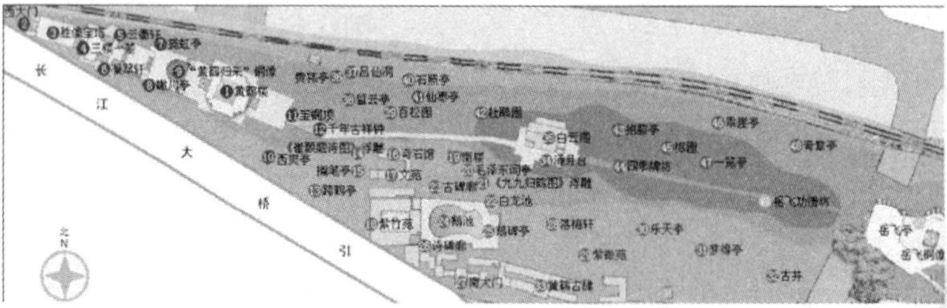

黄鹤楼公园导游图：

正门 ＞ 胜像宝塔 ＞ 三楚一楼大牌坊 ＞ 凝翠轩 ＞ 黄鹤归来铜雕 ＞ 黄鹤楼 ＞ 宝铜顶 ＞ 千年吉祥钟 ＞ 崔颢题诗图浮雕 ＞ 白云阁 ＞ 涌月台 ＞ 落梅轩 ＞ 九九归鹤图浮雕 ＞ 白龙池 ＞ 毛泽东词亭 ＞ 南楼 ＞ 文苑 ＞ 搁笔亭 ＞ 跨鹤亭 ＞ 紫竹苑 ＞ 鹅池 ＞ 黄鹤古肆 ＞ 南门

后记

黄鹤楼是武汉亮丽的名片、精美的城徽。我曾写过多篇赞叹名楼的诗文，却没想到会应约编写这样一本书，来勾勒其历史的线条，讲述有关传说故事。这似乎是容易的，因为描写黄鹤楼的著作甚多，资料丰富，可漫游沧海，搠波拾珠。但动笔之后才知颇有难度，一是众多传说故事人们早已耳熟能详；二是不少专家学者都有美文宏论，后继者是难以脱胎换骨、推陈出新的。因此，我只能精选有关资料，围绕故事诗词做文章，力求在讲述中多点趣味，多点新意。

编写此书，使我对黄鹤楼有了一次“深度游”，深切地感受到黄鹤楼文化的瑰丽多彩。能为家乡名楼奉献一片砖瓦，即使微薄拙朴，也深感荣幸。但愿此书能接地气，为丰富与传播黄鹤楼文化起点作用。编写中参考文献较多，并从网络上选用了一些资料图片，难以详细列举，特向有关作者文友一并致谢！

董宏量

2015年盛夏于武汉